Copyright

Bart & Jones Publishers - Sarl au capital de 8 000 €

795 069 293 RCS Toulouse - SIRET n°: 795 069 293 00012

Siège : 'Le Ramier' 406 Chemin de Terre Blanque, 31340 Mirepoix Sur Tarn, France

Email: info@bartandjones.com

ISBN: 979-10-94635-14-8
EAN: 9791094635148

Note au lecteur

S'agissant d'un ouvrage d'actualité, celle-ci a évolué au cours de la rédaction ; nous en avons tenu compte dans toute la mesure du possible. Elle évoluera probablement encore entre le moment où nous mettrons un point final à ce livre et la date -pourtant proche grâce au formidable travail de notre éditeur que nous remercions de tout cœur pour son soutien et sa réactivité-, de sa publication.

A la réflexion, ce n'est pas très grave : nous avons voulu partager notre grille de lecture, et il est improbable qu'elle se trouve totalement remise en cause, bien que les coups de théâtre tiennent plus de place que les programmes dans cette étrange campagne, qui témoigne avant tout du fait qu'un pays qui laisse se déliter sa vision de lui-même et de son Histoire, dans un discours récurrent où « tout vaut tout » voit immanquablement ses institutions devenir dysfonctionnelles.

Ces quelques pages visent à partager l'idée que la France mérite mieux qu'une campagne présidentielle où les débordements médiatiques tiennent lieu de souffle épique, et dont le candidat qui sortira vainqueur, quel qu'il soit, n'aura très probablement pas une capacité à fédérer suffisante pour obtenir une majorité aux élections législatives, laissant ainsi la place à cinq ans d'immobilisme annoncé, quand tant de choses sont à faire en urgence pour notre pays. Elles visent également à partager l'idée que la France, riche de tout ce qu'elle a pris l'habitude d'oublier -de son Histoire à ses valeurs en passant par sa culture et son formidable potentiel économique et créatif-, mérite mieux qu'un projet en forme de bilan comptable ou qu'un empilement de formules creuses tenant lieu de vision pour l'avenir. La France mérite mieux qu'un déclin : elle mérite un destin.

Sommaire

Pourquoi mieux ?

Le mois de janvier 2017 se termine sur un constat amer pour tous les Français : à moins de trois mois de l'échéance majeure pour notre vie politique et démocratique que constitue l'élection présidentielle, la presse ne nous renvoie pas l'image riche et enthousiasmante d'une campagne où s'affrontent plusieurs visions fortes pour l'avenir de notre pays, et des hommes et des femmes capables de les incarner, mais celle d'une succession de petits scandales, rarement judiciaires ou si peu, mais jamais éthiques, qui ont de quoi faire désespérer de la politique tous ceux qui n'ont eu l'occasion de ne s'y intéresser que de loin, et même une bonne partie de ceux qui s'y sont investis de près. Certaines de ces affaires semblent anodines, d'autres font réagir le contribuable qui affleure toujours derrière le citoyen, car elles sont consommatrices de fonds publics, mais toutes font oublier ce qui devrait être au cœur de toute campagne présidentielle, et même de tout moment de la vie politique de notre pays : la France et les Français.

Hélas ! Chômage, déficits publics, poids de la fiscalité, terrorisme, migrants, identité, Europe en déliquescence, système éducatif qui ne se porte guère mieux... tout cela a virtuellement disparu du débat public sous l'effet de l'accumulation de scandales en tous genres et de petites phrases qui ne font que démontrer l'absence de hauteur de vue de ceux qui les prononcent. De plus, on voit se profiler, chaque jour davantage, le spectre d'une crise institutionnelle née de l'indéniable crise morale, qui touche non seulement le monde politique, mais aussi l'ensemble de la société, et qui pourrait bien déboucher sur une crise de régime grave si nous n'en prenons pas rapidement la pleine mesure, et si tous ceux qui ont une responsabilité dans le délitement de la confiance des citoyens dans nos responsables et nos institutions ne se mettent pas volontairement en retrait pour permettre de redonner vie et légitimité au pacte républicain trop souvent mis à mal, quand il n'est pas tout simplement ignoré.

A cet égard, il est symptomatique que l'ensemble des candidats à l'élection présidentielle de 2017 se soient fourvoyés dans une communication les présentant comme des candidats « antisystème », alors que la plupart en sont issus, voire ont des parcours qui en sont une parfaite illustration –songeons notamment à Emmanuel Macron : énarque, banquier, conseiller à l'Elysée, puis ministre mais, si on l'écoute, archétype du candidat antisystème !-, et que tous aspirent, au travers de leur ambition présidentielle, à incarner ce système et à être les garants de son bon fonctionnement. Les citoyens français ont cessé d'être dupes de ce genre de paradoxe : même si l'exaspération finissait par les pousser à remettre en cause le système et ses institutions, ce ne serait pas sous l'effet d'un profond nihilisme collectif, mais parce que plus aucun de ceux qui prétendent faire fonctionner notre pays ne s'en montrerait capable, ou même digne. C'est une chose de se parer d'une ambition présidentielle ; cela en est une autre d'exercer pleinement le pouvoir et d'être un décisionnaire efficace et pragmatique des grandes orientations qui détermineront le quotidien et l'avenir de nos concitoyens dans un monde toujours plus complexe et incertain. Des pays comme la Russie, avec Vladimir Poutine, ou les Etats-Unis, avec Donald Trump, ne s'y sont pas trompés, portant à leur tête des hommes à la personnalité et au programme certes contestables et contestés, mais qui sont, chacun à leur manière, des hommes dotés d'une vision forte et de la volonté nécessaire pour la mettre en œuvre. Les institutions françaises de la Cinquième République, sous l'influence tutélaire du Général de Gaulle, sont taillées pour des hommes d'Etat ; pourtant, les électeurs, informés voire surinformés et parfois désinformés, ont le sentiment gênant que l'on ne soumet à leurs suffrages que des hommes politiques, plus avides des ors de la République qu'en capacité d'en exercer pleinement la première charge.

Dans de précédents ouvrages, notamment « Politique et éthique : regards croisés » (coll., Ed. Bart and Jones, 2015- Prix Le Regard d'Edgar dans le cadre du Prix Edgar Faure 2015), nous avions souligné, avec David-Xavier Weiss et bon nombre de nos coauteurs, l'écrasante responsabilité d'une presse souvent avide de sensationnalisme dans l'image mitigée que nos concitoyens peuvent avoir de ceux qui les représentent, que ce soit à l'échelon local ou national. Cette fois, pourtant, il faut bien reconnaître que si les journalistes ne cherchent pas à minimiser les scandales pour recentrer le débat sur des idées qui en sont curieusement plutôt absentes, ils ne sont pas totalement responsables du bourbier médiatico-judiciaire dont on essaie en vain de nous convaincre qu'il est le grand espace de débat démocratique qui nous permettra de prendre collectivement des décisions majeures pour l'avenir de notre pays, et d'en déterminer les inflexions. Ce n'est pas non plus le fait exclusif d'un homme ou d'une femme spécifique, ou celui d'un parti ou d'une mouvance politique -malheureusement, car la question serait alors facilement réglée, comme une évidence, par le verdict des urnes.

Cela signifie évidemment que cet ouvrage n'a pas pour objet de pointer du doigt telle ou telle affaire, telle ou telle personne, telle ou telle formation politique : ce serait inutile, et au final de fort peu d'intérêt et fort peut constructif. Les faits se suffisent à eux-mêmes. Il s'agit plutôt de s'attacher à comprendre les causes qui nous ont conduits au malaise actuel, et d'explorer des pistes de bon sens, peut-être pas toutes inédites, d'ailleurs, mais tout du moins largement inexploitées, pour tenter d'y remédier. En ce sens, ce n'est pas un ouvrage classique, appuyé sur une bibliographie fournie et des prétentions littéraires : l'urgence de partager un constat en forme de signal d'alarme et de mobiliser l'intelligence collective pour tenter d'y remédier doit primer la forme, de même que les idées et les projets devraient toujours, dans la vie politique, primer les ambitions personnelles et les dérapages réels, supposés, ou instrumentalisés.

En ces premières semaines de l'année 2017, on aura largement entendu parler de « coup d'état institutionnel » et autres « institutions à bout de souffle », mais le fait est que nos institutions ne se sont vraiment essoufflées et ne sont totalement sorties des rails que quand on a cessé de les respecter en tentant d'y incorporer des pratiques qui ne s'y accordent ni dans l'esprit, ni dans la lettre. Bien évidemment, j'évoque ici cette curieuse idée socialiste d'avoir, sous prétexte de modernité, importé des Etats-Unis le système de la primaire, sans s'aviser que ce qui était pertinent dans un système électoral donné pouvait s'avérer délétère dans un contexte institutionnel différent. Idée malheureuse reprise par la droite qui, en plus de l'aberration institutionnelle, a ainsi cherché à acclimater une pratique pour elle profondément contre-culturelle –la logique de courants et de motions de synthèse n'y ayant jamais prévalu-, de peur d'être taxée de ringardise ou autre passéisme désormais imputé à charge...

Les limites de l'exercice sont claires : la primaire, en particulier sous sa forme ouverte à tous et à tous vents, a pour effet immédiat de permettre aux électeurs du parti concurrent de favoriser le candidat jugé par eux le moins dangereux, disqualifiant ainsi les hommes d'Etat dotés d'une vision et d'un charisme personnel fort au profit d'hommes politiques de moindre envergure et idéologiquement moins solides, et moins à même de fédérer les énergies pour gagner et mettre en œuvre un projet. Cela s'est pleinement vérifié dès l'annonce des résultats, à droite comme à gauche. Cela pose aussi de manière très sensible la question de l'évaluation de la base électorale : comment être sûr que les électeurs d'un candidat à la primaire ont majoritairement l'intention de voter pour lui lors du scrutin présidentiel ? Combien ont au contraire souhaité désigner un adversaire « facile » pour leur candidat du camp adverse, ou encore se préparer une position de replis de second tour acceptable si leur candidat était éliminé au premier ? Etonnamment, c'est François Fillon, le candidat qui a le plus largement appelé au vote, lors de la primaire de la droite et du centre, des électeurs d'autres sensibilités politiques que la sienne - de la gauche à l'extrême-gauche et au Front National-, qui se targue le plus du nombre de participants à la primaire comme d'une base électorale, ce qui le pousse mathématiquement à surestimer celle-ci, et pourrait donc lui réserver une mauvaise surprise au soir du 23 avril.

Preuve de l'inadaptation de cette pratique à la vie politique française : il est désormais fort probable que ni Benoît Hamon, candidat issu de la primaire de la « Belle alliance populaire », ni peut-être François Fillon, issu de celle de la droite et du centre, ne seront présents, en mai prochain, au second tour de l'élection présidentielle -encore que la récente érosion des intentions de vote en faveur d'Emmanuel Macron laisse à ce dernier une petite chance d'y figurer. Un tel constat, très largement partagé, y compris dans les partis organisateurs de cet étrange exercice, ne va pas sans être lourd de conséquences structurelles durables : les militants, qui n'ont pas été des vecteurs exclusifs ou privilégiés pour le choix de « leur » candidat, ne l'auront soutenu, pour certains, que du bout des lèvres, et la défaite les conduira immanquablement à y voir un déni de démocratie interne, et à ne pas renouveler leur adhésion, ou du moins à moins s'engager. Le faible taux de renouvellement des adhésions dans les partis concernés, très surprenant en une année d'échéances électorales majeures, en est une preuve et une parfaite illustration. La primaire, dans un système électoral au suffrage universel direct à deux tours, ne contribue pas à pré-remplir le rôle de qualification des candidats les plus aptes, jusque-là valablement assuré par le premier tour de l'élection ; elle contribue par contre à ce que les militants des grands partis soient frustrés du choix de leur candidat, largement désigné par des votants extérieurs, y compris des opposants, et à ce que les candidatures hors appareil, plus ou moins légitimes, plus ou moins bienvenues, se multiplient et viennent ajouter à la cacophonie ambiante que la primaire prétendait réguler, mais qui existait nettement moins avant elle.

Si la primaire est la mort du militantisme qu'elle étouffe dans l'œuf à coup de déceptions et de sentiment d'inadéquation du résultat, et au final, d'inutilité de l'investissement personnel, elle aboutit aussi, dans notre pays, à une forme de radicalisation de l'échiquier politique. En effet, on constate que ce sont les traditionnels partis de gouvernement qui, sous prétexte d'aller chercher ailleurs des innovations dans leurs modes de fonctionnement et de désignation de leurs candidats, guère en rapport avec les attentes de leurs électeurs, au final plus terre à terre et intéressés par les mesures proposées et leur influence sur leur vie quotidienne. Déçus par l'issue des votes internes et les logiques de courants qu'ils portent au détriment des idées et des programmes, auxquels ils substituent des clivages dont rien n'est moins certain que la caractère dépassable, ils se tournent ensuite plus facilement par des partis et des candidats dont la radicalité, qui leur aurait auparavant semblé rédhibitoire, apparaît soudain porteuse d'une rassurante cohérence interne. Jean-Luc Mélenchon, comme Marine Le Pen, profitent largement de cet effet secondaire dans les intentions de vote, sans qu'il soit encore possible de déterminer avec certitude dans quelle mesure il se traduira dans les urnes le 23 avril prochain.

Cette polarisation vers les extrêmes de l'échiquier politique se traduit aussi par un aberrant constat concernant les candidatures à la Présidentielle : même si elles ne sont pas nécessairement encore toutes connues à l'heure où nous écrivons, la date limite de leur dépôt étant fixée au 17 mars 2017, il semble désormais certain qu'aucune d'entre elles n'incarnera ce que l'on appelle généralement la droite sociale ou quoi que ce soit d'approchant, alors que l'on sait fort bien qu'il s'agit de la sensibilité politique dominante dans l'électorat de notre pays, ne laissant aux électeurs que la possibilité de se rabattre sur ce qui leur semblera le moins éloigné de leurs aspirations plutôt que de voter par conviction. En ce sens, la primaire, dans un système où elle est profondément contre-culturelle, pourrait bien signer aussi la mort du vote d'adhésion, alors qu'il est l'essence même de la légitimité dans une démocratie représentative. Certains objecteront probablement qu'Emmanuel Macron n'est pas loin d'incarner cette droite sociale dont nous déplorons l'absence, mais cette impression n'est qu'un effet d'optique dû à son absence obstinée de programme, qui lui permet de prétendre tour à tour incarner un renouveau socialiste, un courant centriste, ou une sensibilité plus à droite qui n'a à ses yeux pour seule vertu que de ramener potentiellement vers lui d'anciens électeurs fillonnistes désormais en mal de candidat. De plus, Emmanuel Macron a enchaîné les déclarations malvenues à même de lui faire perdre toute chance de conquérir une partie de l'électorat de droite, qu'il s'agisse de son affirmation sur la culture française qui « n'existe pas », ou encore du fait d'avoir qualifié, lors d'un déplacement en Algérie, la colonisation de « crime contre l'humanité », alors même qu'il en faisait un bilan nettement plus nuancé trois mois plus tôt.

D'autres objecteront que si les affaires qui affectent gravement l'image et la légitimité de François Fillon comme candidat des Républicains aboutissent à son remplacement dans ce rôle par Alain Juppé, celui-ci pourrait légitimement prétendre incarner une forme de droite sociale. À la lecture de son programme, cette affirmation n'est d'ailleurs pas dénuée de fondement. Mais son choix comme candidat « de remplacement » - hypothèse qu'il a d'ailleurs a priori écartée-, s'appuyant sur son statut de second à la primaire, s'appuierait sur une étrange logique de tiercé -si le premier est défaillant, on prend le deuxième et ainsi de suite-, qui ne trouverait probablement que peu d'écho en termes d'adhésion politique. Notons tout d'abord que cette logique successorale n'aurait aucun fondement réglementaire, puisque les statuts des Républicains et de la primaire n'ont tout simplement pas prévu un tel cas de figure -celui d'un candidat judiciairement inquiété entre la primaire et l'élection présidentielle, et voyant ainsi son éthique personnelle suffisamment écornée pour mettre à mal sa légitimité et sa stature présidentielle-. Signalons ensuite que son adoubement par un candidat en mal de crédibilité, de légitimité et d'image éthique ne réglerait rien, et qu'il ne peut guère être nommé par la Haute Autorité de la Primaire, dissoute, comme il se doit, à l'issue de celle-ci.

Si l'on quitte le terrain réglementaire, où la question ne peut manifestement être résolue, pour revenir sur le terrain politique, la situation ne s'arrange pas : sachant qu'une large majorité des adhérents des Républicains sont sarkozystes et que la majorité des votants du second tour de la Primaire de la droite et du centre se sont prononcés, le 27 novembre, en faveur d'une ligne clairement droitière et souverainiste contre la ligne représentée par Alain Juppé, rien n'aurait été moins certain que la victoire de ce dernier si, en l'absence de François Fillon, il s'était retrouvé opposé à Nicolas Sarkozy. Adouber d'office Alain Juppé, dans de telles conditions, reviendrait à estimer que la primaire n'est que le choix d'un homme ou d'une femme, et que les idées et les lignes politiques n'y ont aucune place, ce qui reviendrait à souligner à tout le moins l'inanité du dispositif de la primaire… au titre duquel on prétendrait néanmoins le voir succéder à son concurrent défaillant.

D'autres plans B ont été envisagés, de François Baroin à Gérard Larcher en passant par Laurent Wauquiez et Xavier Bertrand, sans qu'aucun ne puisse émerger face à l'obstination de François Fillon à maintenir sa candidature à tous prix… Comme le dit Jürgen Habermas « *Chacun d'entre nous porte seul la responsabilité de la forme éthique qu'il a donnée à sa propre vie.* » (in « L'avenir de la nature humaine. Vers un eugénisme libéral ? » éd. Gallimard, 2001, p. 135). Un plan B incarné par Nicolas Sarkozy ferait également sens pour beaucoup d'adhérents, de sympathisants et de cadre des Républicains, compte tenu de sa stature personnelle, et du talent qu'il a déjà montré, à la fois pour maintenir l'unité mise à mal de sa famille politique en 2014, et pour gérer au mieux des intérêts de la France et des Français une situation de crise majeure, comme ce fut le cas de 2008 à 2012, mais lui-même semble peu désireux de remplir ce rôle, ce qui est au final bien compréhensible : un ancien chef de l'Etat respectueux de lui-même et de la fonction qu'il a exercé peut-il devenir un plan B, sauf à ce que cela lui soit solennellement demandé par l'ensemble de sa famille politique, au nom de l'intérêt général ?

Nous reviendrons spécifiquement sur cette crise politique majeure, qui affecte d'ailleurs gravement l'image internationale de la France, plus loin dans cet ouvrage.

La primaire, un dispositif venu d'Outre-Atlantique inadapté aux institutions françaises

Mais pourquoi le dispositif de la primaire, au final fonctionnel depuis plus de deux siècles aux Etats-Unis, s'avère-t-il délétère dès lors qu'on cherche à le traduire dans la vie politique française ?

L'erreur fondamentale, c'est de considérer que puisque nous sommes deux grandes démocraties attachées aux valeurs de liberté et de responsabilité des citoyens, ce qui fonctionne dans l'une va nécessairement fonctionner dans l'autre, en ignorant, volontairement ou par manque de culture historique et juridique, que nos institutions sont profondément différentes et fondées sur des présupposés différents. Ce fut l'erreur du Parti Socialiste en transposant dans leur parti le dispositif de la primaire ; ce fut ensuite l'erreur des Républicains qui se sentirent obligés de faire de même pour ne pas être accusés d'être passéistes et d'appliquer moins de démocratie interne, alors qu'il était évident, et qu'il a depuis été vérifié, que le dispositif s'avérerait seulement porteur de plus de gabegie interne et externe et d'une peoplisation excessive ou détriment du leadership qui imposait auparavant un « candidat naturel », généralement fort bien accepté et peu contesté. Chez les Républicains, cela a abouti, de plus, à faire émerger une logique de courants antagonistes, alors que le débat interne, auparavant, n'avait jamais nuit à l'indispensable unité électorale ; c'est pour cela que les effets négatifs de la primaire s'y sont fait ressentir plus rapidement et avec plus d'acuité qu'au Parti Socialiste, où le débat interne n'avait jamais été exempt de motions et synthèses de tendances parfois fort peu compatibles... La gauche de Manuel Valls et celles de Benoît Hamon sont peut-être qualifiées « d'irréconciliables », mais cela n'a vraiment rien d'une nouveauté, et il n'est pas dans l'ADN de la gauche française d'être unie, apaisée et plus forte de sa cohérence interne que de ses dissensions, ainsi qu'elle n'a cessé de le démontrer depuis le Congrès de Tours de décembre 1920.

Le point de divergence fondamental entre les Constitutions américaines et françaises tient en premier lieu au mode de scrutin : si notre pays applique, pour les élections présidentielles, le scrutin au suffrage universel direct à deux tours, les Etats-Unis privilégient un scrutin indirect, où le vote final revient à de Grands Electeurs, eux-mêmes désignés par les citoyens lors des caucus -cela se rapproche un peu de nos élections sénatoriales, sauf que dans le système américain, les Grands Electeurs ne sont pas nécessairement des élus locaux, mais sont élus à la seul fin de représenter les électeurs de leur Etat lors du scrutin présidentiel ; il y a donc une indéniable dimension de mandat impératif -souvent respecté-, rigoureusement contraire aux institutions françaises. Dans le système américain, la primaire est donc la seule occasion, pour les électeurs, d'agir sur le choix du candidat du parti dans lequel ils se reconnaissent, puisqu'ils ne seront pas les votants finaux de l'élection présidentielle. La primaire, dans le système électoral français au suffrage universel direct à deux tours, revient essentiellement à appeler les électeurs quatre fois aux urnes pour soutenir un même candidat pour une même élection, voire à devoir se reporter successivement sur quatre candidats différents, défendant, s'ils en ont un, des programmes différents, s'ils ont le malheur de voir à chaque vote leur champion éliminé... Si nous manquons de recul pour mesurer les effets sur la participation électorale, nul doute que cela contribue à désacraliser l'exercice électoral en le multipliant et en le banalisant. Quand la primaire, interne à un parti, vient ainsi précéder l'élection présidentielle en aspirant à s'y substituer en tant qu'espace du choix de celui qui incarnera la France, elle lui retire sa qualité de moment de rencontre d'un homme avec la Nation et avec son destin pour n'en faire plus qu'un vecteur de confrontation des egos. Et mettre à mal le caractère solennel de la démocratie c'est, au final, la mettre en danger.

L'autre point qui fait que la pratique « made in USA » de la primaire s'acclimate mal dans notre modèle fort différent de démocratie tient à la définition, de part et d'autre de l'Atlantique, de ce qui constitue l'intérêt général : alors que la déontologie de base, en France, veut qu'il ne se résume pas à la somme des intérêts particuliers et ne la recoupe pas, les institutions américaines, et toute la philosophie constitutionnelle originelle du pays s'appuie au contraire sur l'idée que chaque intérêt particulier a vocation à être valorisé et défendu, et que de la somme et de la confrontation de l'ensemble de ceux-ci, émergera le meilleur pour le pays et pour chacun de ses habitants. Cette différence de logique explique que l'exercice de la primaire, qui favorise l'émergence d'un ego plutôt que l'unité et la cohérence idéologique du parti politique concerné, s'inscrit fort bien dans la vie politique et électorale aux Etats-Unis, mais compromet, en France, la capacité d'unité indispensable à la défense de l'intérêt général. Peu importe, au fonds, Outre-Atlantique, que le candidat d'un parti ait une légitimité interne forte et une indéniable capacité à fédérer derrière ses idées, tant qu'il est sorti vainqueur de la primaire : le lobbying est une partie intégrante de la vie politique, et les sensibilités et intérêts divergents pourront être débattus et défendus à chaque moment de la mandature. En France, au contraire, le candidat élu lors de l'élection présidentielle sera institutionnellement le défenseur de l'intérêt général, vu comme une entité unique différente de la somme des intérêts particuliers, et dont il aura nécessairement tendance à penser qu'il se résume à son programme. Aucun mécanisme n'est vraiment prévu pour nuancer ce principe dans notre pays, et ce d'autant que le lobbying y a fort mauvaise presse - toujours en raison de cette méfiance française fondamentale pour tout ce que l'on peut qualifier d'intérêts particuliers. Donc, si un candidat est élu Président de la République à l'issue d'une primaire qui a fait émerger des lignes politiques divergentes, et à plus forte raison si ses électeurs de la primaire étaient majoritairement extérieurs à sa famille politique, il n'est pas exclu que les parlementaires sensés le soutenir, et virtuellement dépourvus de tout moyen de faire valoir leur sensibilité particulière, se sentent profondément floués, et ne rendent ainsi leur soutien très conditionnel, et leur majorité fragile, chaque vote devant faire l'objet d'une concertation préalable en forme de négociation de marchand de tapis. Un tel risque existait nettement moins quand prévalait la logique d'un « candidat naturel », qui faisait généralement émerger des appareils des partis le postulant capable de porter la plus forte vision et de fédérer autour d'elle. On peut gagner une primaire sans être un leader naturel, mais cela permet-il de postuler une capacité à gouverner la France ?

Paradoxalement, c'est Emmanuel Macron, candidat non issu d'une primaire ou d'un parti politique, qui s'est le plus préoccupé de la possible difficulté à fédérer durablement ses propres soutiens dans la nouvelle et étrange configuration politique que connaît actuellement la France, sans doute parce que sa candidature présente de façon majorée tous les inconvénients de celles issues d'une primaire sans même qu'il se soit plié à l'exercice : ses soutiens, ses électeurs, et les candidatures aux élections législatives portées par son mouvement En Marche sont particulièrement hétéroclites, et la colonne vertébrale idéologique sensée en assurer la cohésion est faible jusqu'à l'inexistence puisqu'à deux mois du premier tour du scrutin présidentiel, il n'a encore distillé que quelques mesures sans grande envergure, sans publier de programme et en préférant invariablement les formules et les petites phrases à l'expression argumentée d'une ambition globale pour notre pays. Il a par contre clairement affirmé son souhait de s'assurer préventivement des votes futurs des députés issus de son mouvement, en imaginant leur faire signer une charte par laquelle ils s'engageraient à voter toutes les mesures qu'il pourrait soumettre à leurs suffrages durant la législature... ce qui pose, outre le problème moral du chèque en blanc, puisqu'il s'agirait de s'engager par avance à voter toutes les mesures d'un programme non encore annoncé, au moins deux questions majeures de légalité, à savoir la violation du principe constitutionnel de la séparation des pouvoirs, fondamental dans toute démocratie, et celui de l'interdiction du mandat impératif.

En effet, si les futurs parlementaires s'engageaient par avance à signer tout texte proposé par le Président de la République, ils subordonneraient, de fait, le pouvoir législatif au bon vouloir de l'exécutif, et la France n'aurait par le fait plus rien d'une démocratie. De plus, l'esprit de nos Lois, qui prévoit que chaque parlementaire est élu pour représenter l'ensemble de la Nation, et ne peut en aucun cas recevoir mandat pour voter tel texte ou faire valoir les intérêts de tel groupe, se trouverait gravement violé. Il semble fort loin, le temps où Mirabeau affirmait avec force que « *La Nation assemblée n'a d'ordres à recevoir de personne* » ... Si l'on ajoute à cela que ce candidat, jamais élu ou candidat à quelque fonction élective que ce soit avant de briguer la magistrature suprême, s'est vanté dans les médias de ne jamais avoir eu de collaborateur pour gérer la circonscription qu'il n'a par le fait jamais eu, on ne peut qu'être atterré par la méconnaissance totale de nos institutions et l'amateurisme de la communication d'un candidat que de nombreux médias -sondages à l'appui, pour ce qu'ils valent- se plaisent à présenter comme le futur adversaire de Marine Le Pen, dont il ne fait plus guère de doute qu'elle y figurera, au second tour de l'élection présidentielle !

Etrange candidat qu'Emmanuel Macron, énarque, haut fonctionnaire, banquier, conseiller à l'Elysée, puis ministre, qui se présente comme en candidat antisystème alors qu'il en incarne à lui seul toutes les facettes ! D'autant plus étrange que, porté par sa seule ambition, et doté de si peu de colonne vertébrale idéologique qu'il n'a jamais adhéré à aucun parti, il ne cache pas qu'il abandonnera totalement la politique s'il n'est pas élu dès cette année à la Présidence de la République... Celui qui est souvent présenté par la presse comme un espoir pour les déçus de gauche comme de droite ne fait donc aucun mystère de son intention de décevoir ceux qui auront cru en lui si ses ambitions ne sont pas immédiatement satisfaites... Son électorat est un également un paradoxe, allant des juppéistes déçus des résultats de la primaire de la droite et du centre aux électeurs socialistes de 2012 atterrés par le calamiteux bilan de François Hollande ; ce banquier séduit donc notamment ceux dont le cri de ralliement, il y a cinq ans à peine, était « Mon adversaire, c'est la finance », alors même que c'est lui qui a largement inspiré et mis en œuvre la calamiteux programme économique de l'actuel Chef de l'Etat. La finance n'est clairement pas l'ennemi d'Emmanuel Macron : malgré les flous de son programme, ses déclarations permettent de comprendre sans difficulté que ses aspirations sont un grand marché européen et un grand marché mondial aussi libre-échangistes que possible ; il n'est pourtant pas un libéral au vrai sens du terme, puisque ses discours, et notamment celui de Lyon, le 3 février 2017, permettent de distinguer une volonté très gauchisante d'interventionnisme étatique tous azimuts, fusse au prix d'un alourdissement de la fiscalité, notamment sur les successions, déjà si lourdement taxées.

C'est dans l'optique de faire admettre son tropisme mondialiste qu'il n'hésite pas à nier la spécificité, voire l'existence d'une culture française –étrange, surtout quand on sait que son épouse fut professeur de littérature, et donc probablement en position d'apprécier et de lui faire partager la richesse et la spécificité de notre patrimoine culturel !-, ce qui a par ailleurs pour effet de lui attirer une certaine bienveillance de la frange communautariste ou/et multiculturaliste de l'électorat. Pourtant, dans l'hypothèse de plus en plus probable où il se retrouverait confronté, au second tour de l'élection présidentielle, à Marine Le Pen, il aurait besoin, pour gagner, de rallier à sa bannière des voix de droite, car l'idée d'un front républicain systématique et inconditionnel contre le Front National est désormais utopique. Sa maladroite déclaration niant l'existence d'une culture française pourrait alors lui coûter fort cher en termes de suffrages, y compris lui coûter l'élection, car s'il est un point qui fait à présent l'unanimité chez les sympathisants de droite, c'est l'importance fondamentale de la culture partagée comme fondement de l'identité nationale ; sans doute ce thème –ce qui définit la Nation et ce qui la rassemble- est-il même devenu celui qui marque le plus clairement le clivage droite/gauche au sein de l'électorat, et celui sur lequel se jouera cette élection présidentielle.

L'imprudence et le positionnement paradoxal d'Emmanuel Macron ne s'arrêtent pas là : ce banquier positionné au centre gauche, mais qui ne pourra prétendre à la magistrature suprême sans les voix de la droite, qui a finalement détaillé très peu de son programme, se dit partisan du maintien de l'impôt de solidarité sur la fortune (ISF), alors qu'en tant qu'ancien Ministre de l'Economie et des Finances, il est bien placé pour savoir que cette mesure ne concerne que 350 000 foyers fiscaux et rapporte moins de 5 milliards d'euros annuels à l'Etat. Certes, il propose de le réformer, mais en le calculant exclusivement sur le patrimoine immobilier, et sans préciser ce qu'il adviendra du plafonnement, actuellement fixé à 75% du revenu. Une telle mesure a de quoi faire fuir les investisseurs, et donc de quoi nuire à l'attractivité et à la compétitivité économique de la France. Attirer des investisseurs pour créer de la valeur ajoutée, et donc de la consommation et de l'emploi, ne peut au contraire passer que par un bouclier fiscal situé au maximum à 50% des revenus : quel est l'intérêt de s'implanter ou d'investir dans un pays où moins de la moitié des sommes gagnées restent à l'individu et à sa famille ? Cette logique d'attractivité économique par la création de conditions fiscales acceptables –notre fiscalité est aujourd'hui beaucoup plus lourde que dans tout autre pays européen-, les électeurs de droite, y compris ceux qui ne sont pas assujettis à l'ISF, y sont particulièrement sensibles, et la négliger revient ipso facto à s'aliéner beaucoup de leurs suffrages. Ils y sont d'autant plus attentifs que l'espoir de capitaliser sur le Brexit et d'attirer dans notre capitale des entreprises soucieuses de quitter Londres pour conserver un plein accès au marché européen s'avère chaque jour plus vain, et que la fiscalité en est très largement à l'origine. Nous l'évoquions dès l'été 2016 dans « Brexit, et après ? » (Ed. Bart and Jones, 2016).

Emmanuel Macron, candidat sans projet clairement défini, dont rien dans le parcours ou le discours ne vient confirmer la modernité dont il se targue, semble donc ne devoir sa position de challenger qu'au fait d'être un visage nouveau, doté de généreux subsides par des donateurs dont la liste demeure un mystère presque aussi bien gardé que celui de ses idées et propositions... deux handicaps majeurs quand il s'agit d'affirmer une crédibilité mal servie par sa responsabilité dans le désastreux bilan économique du quinquennat finissant et de faire monter en puissance une dynamique de campagne ! Deux handicaps si lourds que son équipe de communication s'y embourbe régulièrement malgré des médias bienveillants jusqu'à la complaisance, mais soucieux de défendre leur permanente revendication de transparence, dont on a convaincu les citoyens qu'elle était un droit inaliénable, et dont on peut se demander si elle ne fait pas, finalement, autant de mal que de bien quand il en est fait mauvais usage...

Quand le droit de savoir étouffe le besoin de comprendre, ou la victoire de la politique du scandale sur celle des convictions

Tel est le paradoxe de notre temps : nous semblons vouloir mettre l'éthique au-dessus de tout et, mettant la société de l'information et ses nouveaux médias au service de la transparence, nous nous noyons dans l'impression de courir d'une affaire à une autre, d'une déception à la suivante, et dans le sentiment -justifié ou non- que jamais, au final, le monde politique ne fut moins éthique, ou à tout le moins, moins déontologique... Et si ce constat était tout simplement faux ? Si la volonté de transparence n'était pas le simple vecteur d'une impression de déliquescence des valeurs et des engagements, mais, tout au contraire, la racine du problème ?

Il ne s'agit pas, bien entendu, de remettre en cause le bien-fondé de la recherche de transparence par simple volonté de faire bouger des lignes imaginaires mais, plus simplement et espérons-le plus concrètement, d'explorer les limites de cette transparence qui pourrait n'être qu'un miroir déformant... D'ailleurs, Tirésias ne fut-il pas le plus grand devin de la Grèce antique, ainsi que le rapporte la mythologie, précisément parce qu'il était aveugle ? - *Tirésias, qui avait eu l'occasion, au cours de sa vie, d'être successivement homme et femme, fut appelé par Zeus et Héra pour trancher leur querelle quant au sexe éprouvant le plus de plaisir pendant l'amour. Ayant donné tort à Héra, celle-ci le frappa de cécité. Zeus, ne pouvant casser cet arrêt, chercha à en atténuer la sévérité en lui accordant une longue vie et le don de prophétie-.* La transparence n'est pas toujours un gage de lucidité de la part de ceux qui l'exigent, et moins encore de la part des citoyens qui, abreuvés à chaque seconde d'un nombre croissant d'informations, et parfois de désinformations, par les médias, traditionnels ou/et nouveaux, n'ont en tout état de cause ni le temps, ni l'envie, et pas toujours la possibilité, de faire le tri ...

« Le public a le droit de savoir. » : cette phrase, répétée comme un mantra en forme de justification, qui se voudrait le mot de la fin permettant aux journalistes de divulguer toute information en leur possession, pourrait pourtant être plus un leurre qu'un argument définitif. Certes, il est légitime que les citoyens soient informés de certains sujets touchant leur vie quotidienne ou les grandes orientations de la société, mais n'oublions pas que le choix d'un système représentatif provient du fait que le monde actuel et la citoyenneté étendue ne permettent pas à tous, d'une part, de consacrer assez de temps pour se forger une opinion sur tous les sujets -de plus en plus nombreux du fait de la complexité croissante de la société- et, d'autre part, de pouvoir avoir un point de vue pertinent dans tous les domaines, la spécialisation et la technicité s'accroissant sans cesse...

L'exigence de la transparence absolue ne prendrait pleinement son sens que dans un microcosme où le nombre réduit de citoyens leur permettrait, à l'image des antiques cités grecques, de se réunir tous régulièrement pour débattre et décider, et où la richesse matérielle de ces mêmes citoyens les rendrait à même de consacrer l'essentiel de leur temps aux affaires publiques, afin de pouvoir fonder leurs décisions sur des connaissances fiables et vérifiées, passées au crible de la réflexion et d'une analyse à laquelle tout le temps nécessaire aurait été consacré. Hors de cet environnement fictif et censitaire au plus haut point -la cité idéale dépeinte par Platon, dans son dialogue *La République*, ne comptait, rappelons-le, que 5000 citoyens-, nous devons donc, par choix philosophique comme pour des raisons pratiques, accorder notre confiance aux représentants que nous avons élus et qui, en dépit de ce que l'actualité pourrait parfois donner à penser, ne sont, dans la plupart des cas, pas plus corrompus ou malhonnêtes que ceux du passé ou que les membres d'autres professions.

Il faut toutefois reconnaître que, si très peu de ceux qui briguent des mandats nationaux ont à se reprocher de lourdes illégalités, certains flirtent allègrement avec l'éthique, parfois depuis de longues années, et que cela apparaît particulièrement insupportable aux citoyens quand cela implique des deniers publics, surtout si le candidat concerné a construit toute sa campagne sur une image de parangon de déontologie revendiquée, et a dénoncé haut et fort les dérives imputées à d'autres, les mettant en parallèle avec son inflexible vertu supposée. Le récent PenelopeGate en est une parfaite illustration : tous les juristes s'accordaient, lors de la révélation du dossier, à penser qu'il y aurait peu ou pas de suites judiciaires à attendre de cette affaire et des dossiers corollaires, mais force est de constater que François Fillon se trouve si bien empêtré entre népotisme toléré mais mal perçu et demi-vérité martelées sur le ton de la plus profonde indignation que sa volonté de poursuivre sa campagne apparaît elle-même comme un profond manquement déontologique, puisqu'il est perçu comme prêt à prendre le risque de faire perdre sa famille politique plutôt que de renoncer et de passer la main... et pendant ce temps-là, on ne parle ni de son programme, ni de celui des autres candidats à l'élection présidentielle, puisque toute la presse se trouve mobilisée sur les nouveaux développement de ce dossier, qu'il s'agisse de déterminer s'il est question d'emploi fictif ou non, d'évoquer des niveaux de rémunération surprenants, les activités et clients de sa société de conseil au regard de certaines mesures présentées dans son programme, ou de distiller des insinuations concernant sa vie privée. Le journaliste qui a fait éclater cette affaire, sans doute soucieux d'agir au nom de la transparence qui est dans l'air du temps, a tué dans l'œuf tout espoir d'une campagne de fonds pour cette élection présidentielle 2017. C'est une lourde responsabilité morale.

Cette affaire est emblématique du peu de respect porté aux personnes, qu'il s'agisse des intéressés ou de leur entourage, dès lors que la presse porte l'estocade en période de campagne : le fait que cette affaire soit désormais désignée comme le PenelopeGate, alors qu'il est hors de doute que c'est François Fillon qui est attaqué, à tort ou à raison, et que son épouse a probablement appris par la presse, en même temps que l'ensemble de nos concitoyens, la majorité des faits qui lui sont reproché, est à ce titre emblématique. Un candidat à la magistrature suprême peut s'attendre à ce qu'on fasse feu de tout bois contre lui s'il n'est pas absolument irréprochable, surtout s'il a bâti sa candidature sur une image de parangon de vertu. Mais son épouse, notoirement effacée de la vie publique et peu enthousiaste à l'idée de la campagne présidentielle et d'un futur rôle de Première Dame -même si ce n'est pas, en France, une fonction institutionnelle-, peut être mal préparée à une telle visibilité médiatique non exempte d'attaques personnelles, et en souffrir profondément, surtout si elle ignorait tout ou partie des faits qui font les gros titres et défraient les réseaux sociaux.

Au fonds, l'exactitude des faits ou leur degré plus ou moins important de légalité finit par n'avoir que peu d'importance dans une telle affaire, quand elle survient à moins de trois mois d'une échéance électorale majeure : l'image de François Fillon est irrémédiablement écornée à la fois dans l'opinion publique française et dans la presse étrangère, cette dernière en étant venu en quelques jours à peine à présenter la France comme une nation corrompue et une démocratie dysfonctionnelle où un responsable de premier plan attaqué sur son éthique et incapable de fournir des justifications convaincantes, peut continuer à espérer devenir le premier personnage de l'Etat. Et si nos compatriotes sont globalement fort éloignés du rigorisme anglo-saxon, que ce soit en matière de deniers publics, de vie privée ou de népotisme, l'exaspération n'en est pas moins de plus en plus présente dans l'opinion publique, y compris dans sa frange la plus favorable au candidat, qui découvre à la fois cet empilement de faits déontologiquement dérangeant, la volonté de François Fillon de se maintenir coûte que coûte au risque de devenir l'artisan de la défaite et de l'implosion de sa famille politique en l'entrainant dans sa chute, et la quasi impossibilité de le mettre sur la touche sans son consentement pour y pallier, puisque c'est son micro-parti, et non Les Républicains, qui ont encaissé les dons de campagne des adhérents et sympathisants, et que c'est lui également qui est en possession de l'importante cagnotte constituée des deux euros versés par chaque votant à chaque tour de la primaire de la droite et du centre.

Retirer le soutien du parti à François Fillon et activer un candidat « plan B », qu'il s'agisse de François Baroin, d'Alain Juppé, de Nicolas Sarkozy ou d'un autre, pourrait revenir à contraindre ce nouveau candidat, non seulement à faire une campagne éclair, mais aussi à faire une campagne impécunieuse si les fonds mettaient un peu de temps à lui être reversés. Le paradoxe est que cela contraint les adhérents et les responsables des Républicains à s'en remettre à l'éthique d'une personne précisément accusée d'en manquer. L'éthique de la conviction est présente chez François Fillon, qui s'est doté d'un programme abouti sur presque tous les sujets, quoi qu'on puisse penser de son contenu. Mais qu'en est-il de l'éthique de la responsabilité s'agissant d'un homme prêt à entrainer toute sa famille politique dans sa chute plutôt que de remettre entre les mains d'un autre l'honneur d'un possible destin présidentiel ? C'est un point d'autant plus délicat que François Fillon, qui avait très clairement reproché à François Hollande d'avoir « *abimé la fonction présidentielle* » -ce qui est une évidence : les échos de la presse internationale suffisent à montrer que jamais notre pays ne fut si mal représenté-, est d'ores et déjà parvenu à l'écorner tout autant, et avec elle l'image de la France, avant même d'avoir été élu !
La question du problématique maintien de la candidature de

François Fillon a d'ailleurs pris un tour nouveau depuis que, le 16 février 2017, un communiqué du Parquet National Financier a écarté la perspective d'un classement sans suite et annoncé la poursuite des investigations compte tenu des éléments en possession des enquêteurs. Les avocats du candidat des Républicains ont beau affirmer que ce communiqué n'apporte pas d'éléments nouveaux, il est évident qu'il fragilise la position déjà inconfortable de François Fillon, la poursuite de l'enquête renforçant la suspicion de manquement. Mais il faut bien avouer que le classement sans suite qu'il appelait de ses vœux n'aurait pas réglé la question du point de vue politique : l'atteinte à l'image et la gestion tardive et hasardeuse de la communication de crise, avec le paraphrasage remarqué d'une intervention de Richard Nixon - choix contestable dans une affaire d'éthique politique- lors de la conférence de presse où il fit son mea culpa, a plus de poids, en période de campagne, que le déroulement judiciaire des affaires qui lui sont reprochées.

Quant à la déclaration de François Fillon au Figaro, le jour même de la publication du communiqué du Parquet National Financier, elle est tout simplement incroyable : « *Cela n'entame en rien ma détermination. J'entends plus que jamais porter le projet de redressement et de modernisation de la France, conformément au mandat qui m'a été donné par 4,4 millions de nos concitoyens. Je m'en remets donc désormais au seul jugement du suffrage universel* ». Distiller l'idée que le suffrage universel prime la Loi, et que, candidat à la Présidence de la République, il n'est pas dans l'obligation de s'y soumettre, ne fait qu'ajouter à l'image de dérive éthique qui lui est déjà reprochée... sans même parler de la manipulation des chiffres : 4,4 millions de citoyens, c'est l'ensemble des votants du second tour de la primaire de la droite et du centre, y compris ceux d'Alain Juppé, ces derniers n'ayant manifestement pas souhaité lui confier le moindre mandat. Quant au rapport de François Fillon au suffrage universel, ce n'est pas la première fois qu'il s'avère créatif : souvenons-nous qu'au moment du référendum sur le Brexit, il s'était déclaré favorable à ce que, pour tous les scrutins européens, on accorde deux voix au lieu d'une aux jeunes, afin d'en infléchir le cours... Face aux rebondissements du 16 février 2017, la parole de certains parlementaires Les Républicains commence à se libérer, l'un d'eux déclarant par exemple à France Info que « *C'est dramatique. On est face à une huître qui s'accroche à son rocher, c'est le comportement de Fillon qui nous vole l'alternance, pas la justice. Quand on a un problème avec la justice, on ne l'insulte pas »*.

Il est étrange de constater à quel point l'exigence de transparence journalistique, quoi qu'on pense de sa légitimité, s'est accompagnée d'une banalisation de la parole des hommes politiques de premier plan. Quelques-uns, très rares, ont le talent de pouvoir être très présent dans les médias sans galvauder leur image et leur discours, mais la plupart s'y transforment tout simplement en personnalité « people » qui parle, parfois à tort et à travers, dérape médiatiquement, voient leur vie étalée au grand jour, et au final, s'excusent pour tout cela... A-t-on encore la distance nécessaire et demeure-t-on un dirigeant crédible quand on se commet dans ce genre d'exercice, qui maximise le risque image ? Un véritable homme d'Etat a la parole rare et, comme elle est rare, elle peut être réfléchie et maîtrisée, et il n'a pas besoin de s'en excuser ; le besoin d'exister médiatiquement, fût-ce à ses propres dépens, est le fruit de personnages de moindre envergure. L'importance de la parole d'un dirigeant et le respect qu'elle inspire sont inversement corrélés à sa fréquence, y compris, et peut-être surtout, dans notre société de surmédiatisation. Tous ces candidats passent leur temps à s'excuser à la moindre déclaration malheureuse ou mal comprise, ou au moindre fait que l'opinion publique leur impute à charge, ont-ils conscience du point auquel ils décrédibilisent leur parole ? L'image d'un dirigeant s'accorde mieux du fait de tirer les conséquences d'une situation et de les assumer que de sombrer dans le mea culpa permanent et facile ; or tous les candidats ou presque de cette élection présidentielle 2017 se sont livrés, à un moment ou à un autre, à ce jeu délétère de la repentance, qui maximise le risque image qu'elle prétend réduire...

L'argument officiel en faveur du maintien de la candidature de François Fillon est que, si un changement devait être opéré, les électeurs de la primaire pourraient être déçus et reporter leurs suffrages sur le Front National plutôt que sur le nouveau candidat désigné. Mais c'est de toute évidence un argument faible, dont la pertinence est davantage battue en brèche à chaque nouvelle révélation du dossier : les électeurs du 27 novembre dernier, y compris ceux qui avaient porté leurs suffrages sur François Fillon, sont de plus en plus nombreux à estimer le résultat de la primaire caduc, et à exprimer précisément la possibilité d'un report de leur vote sur le Front National si le candidat qu'ils avaient désigné pour son image éthique et qui y a manqué se maintient. On s'approche chaque jour du point où l'argument officiel apparaîtra comme celui d'un homme qui réduit l'intérêt général à son seul intérêt particulier. Renoncer à son ambition au nom du bien commun pourrait être une sortie honorable quelles que soient les suites judiciaires ; transformer son entourage politique en orchestre du Titanic l'est un peu moins. On peut d'ailleurs douter, entre l'hémorragie annoncée d'électeurs, les frondeurs qui reviennent régulièrement sur la nécessité d'un changement de candidats et qui ont de plus en plus d'arguments allant dans leur sens, et le soutien désormais plus résigné qu'enthousiaste de beaucoup des têtes d'affiche des Républicains, que la situation soit tenable jusqu'au 23 avril, surtout avec, en filigrane, la perspective d'une défaite de grande ampleur à une élection qui était a priori gagnée d'avance, voire impossible à perdre.

Il y a fort à parier que celui ou ceux qui, parmi les responsables des Républicains, se souviendraient avec Aristote que « *le courage est la première des qualités humaines, car il garantit toutes les autres* », et prendraient le leur à deux mains pour faire cesser cette situation chaque jour plus ubuesque, auraient de grands bénéfices à en attendre, tant du point de vue de leur image personnelle que pour leurs perspectives de carrière politique. S'ils se résignent à accompagner une défaite annoncée à l'élection présidentielle -et elle est désormais probablement impossible à éviter : même contre la candidate du Front National au second tour, François Fillon, gravement mis en cause sur son éthique personnelle, n'aurait aucune voix à attendre d'un hypothétique front républicain-, par contre, ils porteront collectivement la responsabilité d'avoir fragilisé les candidats des Républicains aux élections législatives qui suivront, multipliant les ballottages défavorables et les triangulaires perdues. Ils porteront aussi celle de n'avoir pas mis fin à une situation délétère dont la prolongation conduira inéluctablement à l'implosion de la droite, et à une reconstruction d'autant plus longue et difficile que ceux qui auront choisi l'attentisme face à la crise actuelle auront bien du mal à obtenir la confiance des militants comme des sympathisants lors de la phase de recomposition du paysage politique. Les électeurs de droite, dans leur écrasante majorité, sont sensibles au mythe et à l'image de l'homme d'action, de l'homme providentiel qui s'affirme en situation de crise, et c'est ce genre de profil qui suscitent leur adhésion. Et toutes les têtes d'affiche qui se résignent à accompagner la défaite plutôt que d'agir pour tenter de sauver la victoire ne seront plus à leurs yeux que les hommes de l'inaction et de la résignation.

Pourtant, le pouvoir, par lequel on entend encore souvent, dans l'acception commune, le pouvoir politique, ne corrompt pas. On peut penser qu'il n'attire pas spécifiquement non plus les natures corruptibles, ou alors il s'agirait de natures corruptibles suffisamment irréalistes pour ne pas avoir compris que la réalité du pouvoir s'est depuis longtemps déplacée du monde politique au monde économique. On peut, ou non, être atterré par le fait que tout dirigeant d'une entreprise du CAC 40 ait objectivement plus d'emprise effective sur les évolutions sociales ou économiques de la société qu'un parlementaire, qu'un membre du gouvernement ou que le Président de la République -que ce soit en France ou dans un autre pays, d'ailleurs-, mais il serait tout à fait vain de nier cette évidence, dont certains hommes politiques eux-mêmes ne prennent pleinement conscience que tardivement, dans l'exercice de fonctions longuement briguées, et en règle générale avec une certaine amertume...

Alors pourquoi la presse relaie-t-elle autant d'informations destinées à scandaliser les foules et à laisser une impression de « tous pourris » généralisée ? On aimerait pouvoir dire « une certaine presse », mais force est de constater que les médias sont de moins en moins nombreux à faire le tri dans ce qu'ils diffusent sur fonds de sensationnalisme... Pour faire de l'audience, bien sûr, parfois avec de l'information vraie, mais parfois aussi avec de l'information partielle ou carrément fausse -précisons que les services de renseignements estiment que 20% au moins de l'information diffusée est fausse, tous sujets et tous supports confondus. La part de la désinformation dans le sentiment répandu de manque d'éthique de notre classe politique est si importante qu'on doit se demander si cette impression ne trouve pas largement sa source dans un fréquent manque d'éthique journalistique, et cela d'autant plus que certains professionnels des médias n'hésitent parfois pas à présenter des pratiques légales comme si elles ne l'étaient pas, ou à présenter comme des informations publiques des faits relevant manifestement de la vie privée... même si l'on touche, au final, de moins en moins à la vie privée, tant les attaques sous cet angle sont devenues banales et peu scandaleuses dans notre pays, qui différencie aisément la morale publique et la morale privée.

L'affaire Monica Lewinsky, scandale politique majeur aux Etats-Unis, ayant failli déboucher sur une procédure d'impeachment (destitution), aurait tout au plus fait sourire dans les chaumières durant quelques jours en France... Autre terre, autres mœurs... Les affaires financières sont plus délétères pour l'image publique, comme Jérôme Cahuzac en a fait l'expérience.

Si certaines pratiques relèvent de la malveillance, ou du moins d'une étrange conception du métier de journaliste, il en est d'autres qui nuisent à la qualité de l'information sans pour autant être imputables aux professionnels des médias, mais plutôt au tempo que l'accélération du temps médiatique leur impose. Ainsi, au sein des agences de presse, des rédacteurs sont parfois conduit à sortir dans des délais très courts un papier sur tel ou tel sujet, pour devancer les autres agences. Avec parfois moins d'une heure pour écrire sur un sujet complexe ou/et inconnu, il va de soi qu'on ne se documente pas toujours en recherchant les renseignements les plus pertinents, mais simplement les plus accessibles, qu'on ne recoupe pas les sources, et ce sont pourtant ces éléments qui seront repris par les médias successifs, eux-mêmes pressés par le temps, parfois même en reformulant le papier d'un confrère ou une dépêche d'agence... d'où une déperdition qualitative extrême sur bien des sujets, et une affligeante similitude des thèmes abordés comme des points de vue exprimés ! Cette déperdition est d'autant plus problématique qu'elle passe largement inaperçue du grand public puisque, du fait des méthodes de travail qui remontent de moins en moins à la source, les médias traitent tous grosso modo des mêmes sujets avec les mêmes éléments de contenu, parfois avec les mêmes mots, et semblent donc exhaustifs aux yeux du profane, comme s'ils validaient mutuellement leurs informations, même inexactes ou parcellaires.

Précisons toutefois que les citoyens dans leur ensemble sont en partie responsables de ces dérives : consommateurs passifs de sensationnalisme, ils font de moins en moins preuve d'esprit critique, et ne s'étonnent pas, pour la plupart, que l'on ne fasse pas appel à celui-ci et qu'on leur propose l'information la plus choquante ou étonnante plutôt que la plus pertinente... Le traitement de l'information étant plus ou moins le même dans tous les médias, leur influence devient sans cesse plus sensible dans l'opinion que se forge le public quant à certains dossiers. Qu'importe, pourrait-on dire ? Il y a toujours eu des prescripteurs en matière d'opinion. Pourtant, ce n'est pas sans incidence lourde sur certains sujets sensibles, qu'ils touchent au quotidien ou à la géopolitique et à la diplomatie, en passant par les problématiques budgétaires ou les sondages relatifs à la popularité et à l'impopularité d'hommes politiques...

L'éthique journalistique, qui tend de plus en plus à céder le pas au sensationnalisme, est donc plus que jamais un paramètre fondamental de la vie politique et de sa perception par le citoyen. Certes, on pourrait estimer que l'éthique personnelle et la déontologie professionnelle suffiraient à empêcher les journalistes de diffuser des informations sensibles, ou selon un mauvais timing, mais dans la pratique, la recherche du scoop et de l'audience priment souvent, et aucune épidémie aiguë de patriotisme dans la profession n'est jusque-là venue endiguer cette tendance quand les effets de l'information diffusée peuvent s'avérer lourds, durables, et impacter défavorablement l'image de notre pays et de ses dirigeants et institutions.

La liberté d'expression revendiquée par la presse, la transparence dont elle se veut le vecteur, est bien évidemment légitime... sauf à en faire usage sans discernement, comme il apparaît que c'est parfois le cas. Car il ne faut pas s'y tromper : ce que nous avons décrit du fonctionnement des rédactions souligne le fait que, plus que des miroirs, les journalistes sont désormais des prescripteurs d'opinion et, sur la plupart des sujets, d'une opinion unique : la pluralité des organes de presse ne change rien au fait qu'ils travaillent généralement tous à partir d'une même source d'information et, qu'à quelques nuances près, les marronniers sont les mêmes d'un titre à l'autre. Il devient de plus en plus rare qu'un titre instruise à charge et un autre à décharge, voire qu'un journaliste adopte successivement les deux démarches pour peaufiner son article et satisfaire à une obligation déontologique d'objectivité, ou du moins d'impartialité : c'est considérablement plus long, plus difficile et plus onéreux que de paraphraser une dépêche AFP ou l'article d'un confrère plus rapide et supposément bien informé !

La recherche de transparence, dans l'esprit de beaucoup de nos concitoyens, devrait conduire à plus d'éthique, ou du moins à plus de déontologie -l'éthique étant par essence personnelle, et la déontologie un ensemble de règles dont on se dote pour unifier les éthiques ou pour compenser leur légèreté ou leur absence-, mais il faut bien constater que ce n'est pas nécessairement le cas : conserver une certaine confidentialité contribue parfois à une meilleure efficacité stratégique ou tactique, que ce soit dans le domaine politique, géopolitique, ou encore dans celui des affaires. Tout est, là aussi, une question de limites, de contexte, et de perception. Pas question de couvrir des actes illégaux ou immoraux dont les citoyens et la Justice ont un intérêt légitime à être informés, mais il ne devrait pas être question non plus de jeter tout personnage public en pâture à toutes les malveillances au premier dérapage réel ou supposé, sans nécessairement en mesurer les conséquences personnelles et collective. La liberté de la presse n'est un élément fondateur d'une démocratie saine que si elle s'accompagne d'une véritable responsabilité de la presse.

Par ailleurs, est-il juste que le traitement de la vie privée soit le même que celui de la vie publique ? Et peut-on tracer une bonne fois pour toute une limite claire et nette entre les deux ? Nul ne songerait à nier que de grandes responsabilités impliquent de les exercer de manière irréprochable... mais encore faudrait-il s'entendre sur le sens de ce mot : s'agit-il de les exercer de la manière qui s'avérera in fine la plus conforme à l'intérêt général, ou au contraire de la manière la plus respectueuse des règles et de la transparence, quitte à perdre considérablement en efficacité ? S'agit-il d'être irréprochable dans ses motivations et ses résultats, ou de suivre sans en dévier la feuille de route tracée, la lettre de la règle plutôt que son esprit, même si cela revient à ne pas faire grand-chose au final ? Hélas, il semble que les seconds termes de ces alternatives tendent de plus en plus à primer dans l'opinion publique ! Il est tentant d'ajouter : la transparence et l'éthique doivent-elle concerner seulement l'activité publique et professionnelle du responsable -homme ou femme politique, chef d'entreprise, etc...-, ou doivent-elle concerner sans distinction tous les domaines de sa vie ? Les responsabilités publiques doivent-elle rimer avec renoncement à la vie privée ? Ainsi, pas de souci pour dénoncer, au nom de la transparence et de l'éthique, un cumul de fonctions mettant quelque peu à mal l'indépendance de la Justice, comme celui qu'exerça Jean-François Boutet, simultanément conseiller spécial de la Garde des Sceaux, Christiane Taubira, et avocat au Conseil d'Etat et à la Cour de Cassation, mais beaucoup moins justifiable d'attaquer un homme politique, quel que soit son parti, sur sa vie privée et son orientation sexuelle, par exemple, comme plusieurs en ont fait l'amère expérience, de Jean-Luc Romero à Florian Philippot.

Quelles sont les chances, dans un tel contexte, pour un homme -ou une femme- politique, de sortir indemne d'une désaffection marquée des médias, même si celle-ci est totalement dénuée de fondement... Songeons par exemple à Jean-François Copé, qui en a fait les frais à diverses reprises, sans rime ni raison... Songeons que la presse est allée jusqu'à lui imputer à charge, d'avoir trouvé des entreprises sponsors pour financer des infrastructures sur sa commune, donc au final d'avoir été un bon maire, privilégiant le bien-être de ses administrés... On a parlé de conflit d'intérêt, car il aurait voté un texte -dont il n'est d'ailleurs pas à l'origine- favorable à l'entreprise concernée. Mais un peu d'honnêteté intellectuelle suffit pour reconnaître que l'argument ne tiendrait que si l'on pouvait démontrer de façon certaine que le texte était mauvais, et qu'il ne l'aurait pas voté en d'autres circonstances... Une relation de cause à effet biaisée peut porter gravement atteinte à l'image d'un élu, qu'elle concerne sa vie publique ou sa vie privée, et la presse porte, en ce sens, la lourde responsabilité de ne pas écorner par simple souci de sensationnalisme celle des hommes et des femmes qui mettent toute leur énergie au service de la Nation.

Les journalistes ont une responsabilité énorme vis-à-vis de l'ensemble de nos concitoyens, responsabilité qu'ils remplissent au demeurant le plus souvent fort mal : celle de donner les clefs pour une grille de lecture objective, à défaut d'être exhaustive, du monde et de l'actualité, en rendant compte de manière pertinente et synthétique de la grande quantité d'informations, de qualité et de fiabilité diverses, mises chaque jour à notre disposition par des supports toujours plus variés et toujours plus rapides. Mais pour transmettre une dose raisonnable d'esprit critique à leurs lecteurs et auditeurs, le préalable serait qu'ils se livrent eux-mêmes à cet exercice, incomparablement plus complexe que le simple lynchage médiatique, qui est, de plus en plus souvent, leur pain quotidien. D'heureuses exceptions font honneur à leur profession, mais rien ne garantit, hélas, que ce sont eux qui reçoivent la meilleure écoute de la part de citoyens-consommateurs souvent en quête d'un sensationnalisme sollicitant peu leurs neurones.

Mais l'indéniable responsabilité de la presse dans la perception que peuvent avoir les citoyens des membres de notre classe politique ne saurait exonérer ces derniers de leur devoir d'exemplarité : c'est un honneur de représenter ses pairs dans les plus hautes fonctions et de décider en leur nom ; c'est une lourde responsabilité qui s'accompagne légitimement de certains avantages, mais ceux-ci ne sont justifiables que si ceux qui en bénéficient s'efforcent en tout temps de s'en montrer dignes.

La grande absente de la campagne présidentielle 2017 :
l'ambition pour la France

La pléthorique liste de candidatures aux primaires, de droite comme de gauche, et celle, non moins importante, des candidats se présentant ou ambitionnant de se présenter hors de tout dispositif de primaires à l'élection présidentielle prouve, s'il en était besoin, que les membres de notre classe politique sont nombreux à s'imaginer en Président de la République. Mais le fait de briguer la fonction et d'afficher ses ambitions n'est pas un gage de la capacité à exercer le pouvoir, ni même de la volonté de l'exercer réellement, en portant une vision forte, fédératrice et ambitieuse pour notre pays. François Hollande a fort bien illustré, tout au long de la mandature qui s'achève, le fossé qui existe entre concrétiser son ambition et se comporter en toutes choses comme un véritable chef d'Etat ; il n'y est jamais réellement parvenu, en admettant qu'il ait essayé, constituant par son comportement personnel un risque image permanent -pour prendre un exemple, les balades en scooter, rapportées comme du dernier par la presse internationale-, et prenant des décisions sans forcément les appuyer sur une perception à long terme de leurs conséquences. La question des migrants, et l'accueil massif de nombre d'entre eux sur notre territoire, souligne ainsi les dangers de la réaction émotionnelle face à une problématique géostratégique à fort impact social, identitaire et sécuritaire.

Mais en ce qui concerne la prééminence de l'ambition personnelle sur l'ambition pour notre pays, la palme revient sans le moindre doute à Emmanuel Macron, si peu soucieux de la direction à donner à la France ou de consulter les citoyens sur le sujet qu'il revendique son absence de programme comme une question de bon sens, déclarant que *"c'est une erreur de penser que le programme est le cœur d'une campagne"*... ce qui conduit ses équipes, consciente de la faiblesse et de l'inconséquence de l'argument, à ramer pour expliquer qu'en fait, si, il a bien un programme, et que celui-ci sera diffusé le 2 mars 2017. Argument qui aurait sans aucun doute plus de poids si la sortie de ce programme n'avait pas déjà, par deux fois, été annoncée, puis repoussée. Et encore : la formulation de son conseiller, Jean Pisani-Ferry, rend la nature de programme abouti de ce qui sera diffusé tout à fait conditionnelle, puisqu'il l'a évoqué en ces termes dans le Journal du Dimanche « *Début mars, il récapitulera ses propositions et les grands engagements sur lesquels il investira le capital politique conféré par l'élection* ». Tenter de se faire élire sans programme pour ne pas risquer de froisser une partie d'un électorat hétéroclite, car composé de déçus de gauche, de droite et du centre, c'est moins un pari novateur et audacieux que l'affirmation qu'une volonté d'accéder au pouvoir quitte à gouverner sans direction. Chaque mesure exprimée risque de faire des déçus, même en restant vague, comme ce fut le cas des demi-annonces concernant un renchérissement des droits de succession, ou encore de l'extension des indemnités chômage aux personnes démissionnaires... on a donc le sentiment qu'Emmanuel Macron se garde d'avoir un programme complet de peur que celui-ci ne lui fasse perdre l'élection, qui est de toute évidence son but premier, si ce n'est exclusif. Un candidat qui se voit Président de la République, mais qui n'a pas une image claire, voire pas la moindre de la France qu'il voudrait voir exister dans vingt ans, est assurément une nouveauté, du moins d'une façon aussi affirmée et aussi décomplexée. Mais si c'est la forme que prend la modernité politique d'Emmanuel Macron, c'est assurément une modernité porteuse de déclinisme. Chateaubriand écrivait que « *l'ambition dont on n'a pas les moyens est un crime* », mais, dans le cas présent, on pourrait à bon droit souligner que l'ambition est un crime dont il faut à minima se donner les moyens !

De façon très surprenante, Emmanuel Macron ne cherche même pas à compenser sa quasi absence de programme structuré par des prises de parole qui donneraient l'apparence d'un discours très politique : il choisit au contraire une rhétorique vaguement mystique et, face à des questions précises ou techniques, cultive l'art de la formule creuse et consensuelle, confondant parfois charisme et art de noyer le poisson, comme il l'a très bien illustré lui-même par cette citation issue d'une interview accordée au Journal du Dimanche en février 2017 :

« *Comment se construit le pouvoir charismatique ? C'est un mélange de choses sensibles et de choses intellectuelles. J'ai toujours assumé la dimension de verticalité, de transcendance, mais en même temps, elle doit s'ancrer dans de l'immanence complète, de la matérialité. Je ne crois pas à la transcendance éthérée. Il faut tresser les deux, l'intelligence et la spiritualité. Sinon l'intelligence est toujours malheureuse. Sinon les gens n'éprouvent de sensations que vers les passions tristes, le ressentiment, la jalousie, etc. Il faut donner une intensité aux passions heureuses ».*

L'intelligence est probablement fort triste quand un candidat à la magistrature suprême pense conquérir les suffrages populaires en se faisant sophiste ou télévangéliste ... Mais une telle déclaration qui ignore la politique et les réalités quotidiennes, a sans doute la vertu, aux yeux du candidat d'En Marche, d'être peu susceptible de déclencher une polémique, et donc de ne pas le conduire à devoir y répondre, et ainsi se positionner. Un manque de désir d'affirmation qui serait fort inquiétant dans la perspective de négociations internationales futures, si Emmanuel Macron venait à sortir vainqueur des scrutins de 23 avril et 7 mai prochains !

Si Emmanuel Macron était une impensable exception d'ambition personnelle prenant le pas sur l'ambition pour le pays, on pourrait à bon droit estimer que la question serait réglée de façon évidente par le verdict des urnes. Hélas, c'est une problématique qui, sous diverses formes, est extrêmement présente dans cette élection présidentielle 2017 ! Ainsi, on pourrait évoquer le cas de Benoît Hamon, vainqueur de la primaire de gauche avec des propositions phares telles que le revenu universel ou la légalisation du cannabis -mesures qui ne manqueraient évidemment pas de laisser le pays économiquement exsangue et de le doter d'une image absolument délétère d'un point de vue international-. Son positionnement de campagne sur de tels sujets ne saurait relever d'une logique qui consisterait à y voir un vecteur de grandeur pour la France : tout au contraire, c'est un choix électoraliste qui lui a fait chercher les voix de l'aile gauche du parti socialiste, sociologiquement souvent jeune et désœuvrée, et donc susceptible de se laisser séduire par ces thématiques sans en mesurer l'aspect démagogique. C'est d'ailleurs un triste constat que cette dérive idéologique, ou cette dérive de perte d'idéologie, du Parti Socialiste, dont l'image fut longtemps attachée à la défense des intérêts d'une France qui travaille, qui se lève tôt et en tire une véritable fierté patriotique, appuyée sur l'amour de nos valeurs communes et de notre culture. Des personnages emblématiques comme Jean Zay –ministre socialiste et héros de la Résistance durant la Seconde Guerre Mondiale- en sont l'évidente illustration.

Il faut bien constater qu'outre leur démagogie, les mesures phares de Benoît Hamon sont porteuses d'un autre écueil, révélateur d'un manque d'ambition, voire d'un manque d'intérêt, pour la France : elles sont rigoureusement transposables à l'identique dans tout autre pays. Où est l'amour de la France quand on ignore ses spécificités différenciatrices quand il s'agit d'imaginer son avenir ? Pourtant, on ne peut pas juger la candidature de Benoît Hamon comme un épiphénomène : Jean-Luc Mélenchon semblant peiner à rassembler ses 500 parrainages, indispensables pour se présenter à l'élection présidentielle, on pourrait à bon droit imaginer un report de son électorat sur le candidat socialiste, ce qui conduirait très probablement Benoît Hamon à atteindre la troisième marche du podium le 23 avril prochain. Les élus des Républicains seraient sans doute bien inspirés, s'ils continuent à soutenir François Fillon, a veiller à ce que Jean-Luc Mélenchon obtienne ses signatures, pour diviser les voix de gauche, et éviter ainsi à leur candidat l'humiliation d'une quatrième place.

La question du programme de Marine Le Pen est toute autre : on ne peut en effet pas le qualifier de manque d'ambition pour la France, puisque la France est indéniablement au cœur même de son programme et de son ambition politique. On doit d'ailleurs relever que, si la campagne présidentielle de 2007 avait été, de la part de tous les candidats de premier plan, une illustration exemplaire d'une communication politique pensée et maîtrisée, Marine Le Pen est la seule, dix ans plus tard, que l'on puisse créditer d'une communication de campagne de qualité. Elle l'a d'ailleurs démontré lors de l'émission télévisée à laquelle elle a participé le 9 février 2017, recueillant l'excellent score de 41% de téléspectateurs convaincus, alors même qu'une partie des personnes interrogées se censurent habituellement s'agissant de la candidate du Front National, ce qui lui vaut de créer la surprise à chaque scrutin en réalisant des scores plus élevés que ceux dont elle était créditée par les sondages d'opinion, voire par les sondages « sortie des urnes ». Indéniablement, l'élection présidentielle de 2017 est celle du destin pour Marine Le Pen, et elle le sait parfaitement : le contexte politique et médiatique, qu'il s'agisse de de la crise des migrants, du Brexit, de l'élection de Donald Trump, du bilan de François Hollande, des rumeurs et mises en cause judiciaires et éthiques qui affectent la crédibilité de François Fillon, ou encore des émeutes de banlieue consécutives à « l'affaire Théo », lui est hautement favorable, et la place en position de rassembler en se présentant comme la seule alternative patriotique. C'est d'ailleurs le sens de son appel du 13 février 2017 à Henri Guaino et Nicolas Dupont-Aignan. Si elle venait à échouer dans un contexte aussi porteur à la fois pour ses thématiques privilégiées et pour elle-même en tant que candidate, le Front National risquerait par contre d'y perdre toute légitimité de son aspiration à être une alternative crédible et à devenir un parti de gouvernement.

Notons que dans l'hypothèse, désormais fort probable, où le second tour de l'élection présidentielle opposerait Marine Le Pen à Emmanuel Macron, ce serait l'affrontement de deux conceptions totalement différentes de la politique – du discours engagé, assumé et clivant de la candidate du Front National à l'absence revendiquée de colonne vertébrale idéologique et de programme du fondateur d'En Marche. La vie politique française nous avait, jusque-là, habitués à un moyen terme entre ces deux visions fortement divergentes de ce que doit être un homme –ou une femme- d'Etat briguant la magistrature suprême ! La singularité de cet éventuel second tour se trouverait aussi dans la grande première que constituerait la présence de deux candidats âgés de moins de cinquante ans au second tour de l'élection présidentielle, et de deux candidats au fonds peu expérimentés (long engagement politique pour Marine Le Pen, mais sans aucun exercice d'une fonction ministérielle ; deux ans comme ministre pour Emmanuel Macron, mais sans engagement politique antérieur, et à peine d'engagement politique actuel), traduisant une véritable volonté de renouvellement de la classe politique de la part d'un électorat que le dernier quinquennat a soit démobilisé, soit poussé à la recherche d'alternatives inédites, crédibles ou non, mais en tous cas nouvelles. Car dans un cas comme dans l'autre, la question de la crédibilité est au cœur du problème. Ne revenons pas sur l'absence de programme théorisée et revendiquée par Emmanuel Macron, déjà largement évoquée dans cet ouvrage, mais attardons-nous un peu sur les propositions de Marine Le Pen.

En premier lieu, nul ne peut nier, même parmi ses détracteurs, que l'intérêt de la France, du moins tel qu'elle le conçoit, est au cœur des propositions de Marine Le Pen, qui prône une politique prioritairement tournée vers notre pays et nos concitoyens, qui doivent en être les premiers bénéficiaires, et une réaffirmation de nos valeurs communes et de notre identité qui ont toutes les chances de séduire dans un contexte ressenti comme de plus en plus mondialiste, où tout vaut tout, et où la Nation est découragée d'affirmer fortement ce qui l'unit et ce qui la rassemble. Notons d'ailleurs que Nation, identité nationale, culture française, etc... ont longtemps été, comme les valeurs républicaines, un socle commun pour toute la classe politique, de droite comme de gauche ; c'est l'abandon de ces thématiques par un grand nombre de responsables, pour qui « modernisme » est devenu synonyme de d'européisme et de multiculturalisme, qui a permis au Front National de s'en présenter plus ou moins comme l'unique dépositaire. Et dans un contexte où les Français ont de plus en plus souvent le sentiment dérangeant que tout est en priorité pour les nouveaux arrivants et rien pour les citoyens respectueux de la Loi qui vont travailler et paient leurs impôts, cela rapporte des voix. Rien à redire, donc, sur l'aspect patriotisme et préférence nationale qui constitue la marque de fabrique du programme de Marine Le Pen. Rien à redire, du moins si ce n'est pour en regretter, dans certains aspects, le manque de nuance et de vision globale. Ainsi, quand la candidate du Front National défend la laïcité comme une valeur fondamentale de notre République, elle a raison. Mais quand elle veut l'appliquer strictement et également à toutes les religions, elle oublie de tenir compte de seize siècles de racines judéo-chrétiennes de la France, qui font que la robe du prêtre ou la kippa ont plus légitiment droit de cité dans notre pays que la burqa et autres niqabs.

En fait, la laïcité elle-même est par essence judéo-chrétienne, et c'est pour cela que ces religions s'en accommodent très bien, alors que d'autres ont plus de mal à s'y plier, occasionnant les troubles et tensions que l'on sait. Friedrich Nietzsche a fort bien expliqué ce caractère essentiellement judéo-chrétien de la laïcité lorsque, souhaitant entrer en franc-maçonnerie, il fut interrogé sur ce sujet lors de son passage sous le bandeau : « *Faites-nous au moins la grâce, Monsieur, de refuser à la laïcité la valeur judéo-chrétienne, car vous n'êtes pas sans savoir que cette noble idée dont notre fraternité revendique la paternité a justement été conçue pour lutter contre le cléricalisme* ». *Ce à quoi Nietzsche répondit : « Détrompez-vous : c'est un concept qui trouve sa source dans le Tsim Tsoum des Juifs et se développe dans le Nouveau Testament quand le Christ demande de rendre à César ce qui est à César et à Dieu ce qui est à Dieu. Imaginez la hardiesse de ce paradoxe : le Créateur de l'Univers reconnaissant que son empire doit s'arrêter à la porte du Temple ! Comment s'étonner que les tenants d'une autre tradition qui n'aurait pas inventé ce délire, puisse accepter que le Dieu unique ne régisse pas la totalité de sa création jusque dans le moindre recoin de nos existences ? »*. Cette remarquable explication, si elle interdit à Nietzsche tout parcours maçonnique, montre la pertinence de conditionner la laïcité à l'identité et au contexte judéo-chrétien qui l'a vu naître, chose que le Front National par ailleurs défenseur zélé de l'identité et de la culture française, se refuse paradoxalement à envisager.

Un autre point, sans doute plus électoraliste est le souhait du Front National de revenir sur le Mariage Pour Tous. On ne sent pas un positionnement doctrinal fort sur le sujet, mais plutôt la perspective de capitaliser une partie des quatre millions de personnes qui prirent part à La Manif Pour Tous. Un mauvais calcul s'il en est, quand on sait que non seulement 65% des Français sont farouchement opposés à l'abrogation de cette Loi porteuse d'égalité entre les citoyens, mais aussi que cela conduit Marine Le Pen à se trouver, sur ce sujet, sur la même ligne que l'Islam fondamentaliste qu'elle combat par ailleurs avec virulence dans son discours identitaire et sécuritaire. Et s'il est une évidence, c'est que cette élection se gagnera ou se perdra précisément sur la thématique identitaire et sécuritaire, lui laissant un net avantage face à un personnage moins affirmé et au discours nettement multiculturaliste comme Emmanuel Macron. S'il perd cette élection au second tour contre la candidate du Front National, ses prises de position quant à la crise des migrants et à leur accueil en Europe y seront sans doute pour autant que son absence de programme. Si les thèmes de la Nation et de l'identité sont prépondérants dans la campagne, comme cela semble être le cas quand on prend le temps de parler du fonds, l'élection présidentielle a plus de probabilité de se gagner sur le clivage que sur le consensus.

Le dernier constat que nous tirerons ici concernant le programme de Marine Le Pen est ressorti clairement lors de son intervention télévisée du 9 février 2017 : si, sur la plupart des sujets, elle apparaît comme une candidate bien préparée, en phase avec son électorat et à la communication maîtrisée, il en va tout autrement dès lors que l'on aborde des questions économiques un peu techniques. Son incompréhension manifeste de l'influence d'une dévaluation sur la valeur de la dette souveraine et la capacité de la France à la rembourser a clairement tranché avec sa crédibilité globale, mettant en doute la pertinence du programme du Front National sur les sujets macro-économiques. Il eût probablement été plus pertinent de présenter cette perspective de dévaluation comme un choix assumé malgré ses conséquences sur la dette, compte tenu des bénéfices attendus par ailleurs d'une telle politique, génératrice de compétitivité pour les entreprises françaises. L'approximation, sur ce point, jette un doute sur la crédibilité économique globale de la candidate, alors même que d'autres des mesures qu'elle prône, comme une taxation renforcée à l'importation, font nettement plus sens dans un contexte de compétitivité internationale accrue, où la France a éprouvé beaucoup de difficultés à tirer son épingle du jeu ces dernières années, par de fâcheuses tendances conjuguées à s'auto-appliquer à maxima les règles européennes et le manque d'affirmation d'un vrai patriotisme économique au cours du dernier quinquennat.

C'est encore en d'autres termes que la question de l'ambition pour la France se pose s'agissant du programme de François Fillon, le premier constat étant qu'il s'agit d'un programme pensé de longue date, cohérent et abouti dans la plupart des domaines, même s'il présente d'indéniables lacunes sur les questions de sécurité et de défense qui y sont trop superficiellement traitées, alors même qu'elles sont absolument fondamentales pour notre pays dans le contexte actuel. Le second constat, c'est que c'est un programme qui, certes, veut voir la France renouer avec sa grandeur et son image internationale, mais qui n'envisage d'y parvenir qu'en promettant au Français du sang et des larmes –il suffit de voir les propositions sur les questions de santé !-, alors même qu'ils n'ont cessé de verser l'un et les autres ces dernières années. Si la grandeur de la France ne va pas de pair avec le bonheur des Français, le programme qui la porte perd sa dimension d'ambition partagée. C'est l'idée que « ce qui est bon pour vous est bon pour le pays et ce qui est bon pour le pays est bon pour vous » qui permet de rassembler toute la Nation en un seul corps au nom d'un même enthousiasme et d'une même vision. En promettant du sang et des larmes, François Fillon, même sans les affaires qui entachent gravement son image d'intégrité et d'honnêteté, sur laquelle il avait bâti sa popularité lors de la campagne de la primaire, aurait rencontré des difficultés à rassembler au-delà de sa base électorale –probablement à peine plus importante que son électorat du second tour de la primaire, puisque les ralliements d'autres courants des Républicains se trouvent contrebalancés par la déperdition d'électeurs d'autres partis politiques venus, à la faveur de la primaire ouverte, voter pour l'adversaire qu'ils estimaient le moins dangereux pour « leur » candidat. Un homme d'Etat fédère autour d'une ambition partagée ; un homme politique essaie de capitaliser sur l'élection au nom de sa seule ambition.

On comprend d'ailleurs clairement, à la lecture du programme de François Fillon, que son positionnement doit tout à la volonté de capter une partie de l'électorat de Nicolas Sarkozy, qui eût été plébiscité par les adhérents des Républicains dans le cadre d'une primaire fermée ; il a donc conçu un programme très à droite et fait passer le message que « Sarkozy, ça allait être compliqué avec toutes les affaires »... même si toutes celles qui ont été jugées ont abouties à un non-lieu, alors que l'épée de Damoclès d'une ou plusieurs mises en examen planent chaque jour plus lourdement au-dessus de la candidature de François Fillon, bien qu'il assure vouloir maintenir sa candidature coûte que coûte, en dépit de l'érosion de son image, de l'hémorragie d'intention de votes, du risque d'une humiliante troisième, voire quatrième place à une élection « imperdable », de celui de la multiplication des triangulaires avec ballottages défavorables et, à l'horizon de quelques mois, de l'implosion de sa famille politique. Faire prévaloir l'ambition personnelle sur l'intérêt général tout en demandant aux élus comme aux militants de préférer l'étiquette à l'éthique, c'est un choix qui l'est bien peu pour celui qui s'en déclarait le parangon !

A la décharge de François Fillon, on se doit d'évoquer le déplorable timing médiatique et judiciaire de cette affaire aux multiples volets, qui serait restée un dossier personnel non impactant pour la campagne présidentielle, ou presque, si elle avait éclaté avant le 20 novembre, date du premier tour de la primaire de la droite et du centre. Et comme il est difficile à croire que les éléments complexes de ce dossier soient tous apparus ex nihilo courant janvier, il faut bien en conclure qu'il était de peu d'intérêt de s'attaquer frontalement et rapidement à François Fillon tant qu'il était considéré comme le troisième homme de la primaire, mais qu'il est devenu une cible de choix en tant que favori de l'élection présidentielle... Favori qu'il a cessé d'être au regard de cette mise en cause éthique, qu'il pouvait moins que tout autre se permettre, ayant bâti sur son image de chevalier blanc sa stature de présidentiable.

Sauf qu'un chevalier blanc se doit, plus qu'un autre, de

demeurer immaculé, ou en tirer spontanément les conséquences, en montrant que son souci de l'intérêt général, celui de la France et celui de sa famille politique, passe avant son ambition personnelle. Force est de constater qu'il n'en est rien, malgré la dégradation de l'image de la France, que la presse étrangère présente désormais, en lien avec cette affaire, comme une république bananière, et malgré l'implosion prévisible des Républicains après une défaite électorale annoncée. D'autres options demeurent possibles jusqu'au 17 mars, mais il est de plus en plus douteux que les têtes d'affiche des Républicains imposent un renoncement à leur candidat défaillant, non pas qu'ils se fassent des illusions sur la possibilité que François Fillon sorte victorieux du scrutin présidentiel -les plus fins politiques d'entre eux se gardent d'ailleurs soigneusement, depuis quelques jours, de tout soutien trop médiatique ou trop dithyrambique, affirmant, tout au plus qu'ils soutiennent « le programme de François Fillon », ce qui sous-entend qu'ils imagineraient le même programme porté par quelqu'un d'autre, et qu'il n'est pas indissociable de son auteur-, mais au contraire parce qu'ils estiment préférable de préserver l'avenir et de rester en bons termes avec tous dans la perspective de la recomposition de la droite, quand Les Républicains auront probablement implosés après des défaites annoncées aux présidentielles et aux législatives...

Pourtant, les adhérents des Républicains seraient, encore à ce jour, majoritairement favorables à une alternative incarnée par Nicolas Sarkozy ou François Baroin, tous deux dotés d'un programme, d'un charisme personnel et d'une image à même de préserver la droite du désastre annoncé en garantissant sa présence au second tour de l'élection présidentielle. Les soutiens de François Fillon dotés d'une assise locale, à qui les tractages sur les marchés permettent de mesurer l'ampleur du rejet de leur candidat, seraient eux-mêmes nombreux à être prêts à envisager une candidature alternative, notamment s'il s'agissait de celle de Gérard Larcher, qui fut souvent cité comme probable Premier Ministre de François Fillon, avec un programme proche. Mais François Fillon, détenteur de la cagnotte de la primaire, reste à ce jour décisionnaire, en s'imposant à la faveur du manque de courage individuel et collectif de nombre de figures nationales des Républicains, et de leur crainte de rejouer le scénario du putsch du triumvirat à l'UMP en 2014.... Sauf que les circonstances sont différentes, que les faits concernent de l'enrichissement personnel et non le financement de l'organisation des meetings d'une campagne passée, et que le putsch de 2014 ne concernait pas un candidat à la présidentielle transformant sa famille politique en orchestre du Titanic qui coule avec le navire, alors que ce devrait être l'apanage du seul capitaine.

Cette désastreuse campagne, tous partis confondus, dont l'effet le plus prévisible devrait être de générer une abstention record, pourrait bien conduire à l'élection d'un président ou d'une présidente de la République doublement délégitimé(e) dès son entrée en fonction. La première crise de légitimité pourrait être directement liée à un taux de participation historiquement bas : quelle serait l'éventuelle légitimité d'un Président de la République si moins de la moitié du corps électoral participait au scrutin ? Il ne s'agirait plus d'obtenir plus de la moitié des voix du corps électoral (ce n'est arrivé que deux fois sous la Cinquième République, au Général de Gaulle en 1965 et à Jacques Chirac face à Jean-Marie Le Pen), mais de savoir si plus de la moitié du corps électoral ne va pas préférer aller à la pêche ou faire des crêpes les 23 avril et 7 mai... L'addition des crises politiques et médiatiques pourrait ainsi être à l'origine d'une vraie crise institutionnelle, dont ceux qui les laissent prospérer porteront la lourde responsabilité morale... Quant à la seconde crise de légitimité, elle pourrait résulter de l'impossibilité à faire émerger la moindre majorité parlementaire, et à voir le président nouvellement élu et son gouvernement pratiquement condamnés à l'inaction faute de pouvoir faire voter la moindre mesure sans d'âpres négociations voix par voix... On ne pourrait, d'ailleurs, pas vraiment en blâmer les électeurs : le vote se veut un acte d'adhésion démocratique à une vision commune de l'avenir, mais quand le choix doit se faire parmi un panel qui comprend un candidat holographique en recherche de parrainages, un candidat démagogue qui prône la dépénalisation du cannabis et le revenu universel, un candidat au programme virtuel, un autre à l'éthique virtuelle, et une qui a une compréhension approximative des grands mécanismes économiques, se rendre aux urnes pour opérer un choix entre Charybde et Scylla, puis leur donner une majorité législative, pourrait s'avérer une perspective peu enthousiasmante....

Après avoir évoqué longuement cette campagne qui restera à n'en pas douter dans les annales pour son manque de qualité, dans le fonds comme dans la forme, et pour son atteinte à la crédibilité et à l'image internationale de notre pays, nous souhaitons revenir à l'idée qui nous a conduit à rédiger cet ouvrage : celle que la France mérite mieux, et notamment que l'on dise pourquoi la Nation est le thème essentiel de cette campagne présidentielle, ou du moins l'aurait été si elle s'était déroulée avec la dignité voulue...

La Nation : un sujet plus que jamais central

« Nos ancêtres les Gaulois »… Cette formule consacrée, par laquelle des générations d'élèves, sur les bancs de l'école de la IIIème République, débutèrent l'apprentissage de l'Histoire et des événements fondateurs forgeant notre identité commune, est aujourd'hui devenue, dès lors qu'elle est prononcée par un responsable politique de premier plan, une pomme de discorde plutôt que le vecteur d'un sentiment d'appartenance. On pourrait y voir une simple querelle sémantique, somme toute anecdotique dans notre ère d'hypermédiatisation, où le moindre mot est disséqué et commenté avec plus ou moins de bonheur, et pourtant… Pourtant cette querelle nous a conduits à nous interroger sur ce qui avait bien pu changer, en quelques décennies, la valeur de ces mots qui, de toute évidence, ont cessé, pour une partie de nos concitoyens, de renvoyer au même imaginaire collectif que par le passé. Est-il d'ailleurs certain que les Français aient encore un imaginaire collectif, alors qu'ils hésitent à le revendiquer ?

Loin d'être une abstraction, c'est un constat fort : la Nation est en crise d'identité, et cela constitue une grille de lecture particulièrement pertinente pour nombre des difficultés que traverse actuellement notre pays. Peut-on, par exemple, vivre ensemble dans de bonnes conditions sans affirmer clairement qui nous sommes collectivement, ou l'amnésie mémorielle, sous couvert de souci d'exactitude génétique, nous conduit-elle vers une inexorable montée des communautarismes ? Peut-on affirmer et mettre en œuvre un véritable patriotisme économique quand la Patrie, dans laquelle les Constituants de 1789 voyaient « toute la Nation en un seul corps », n'ose plus exprimer son ADN et définir son identité ? Comment prétendre intégrer qui que ce soit à la communauté nationale si l'on hésite à définir clairement ce qu'est cette communauté, quelles sont ses racines et quelles sont ses valeurs ?

Ces interrogations nous ont conduits à nous demander si la France n'est pas menacée, si elle n'y prend garde, par un affaiblissement de plus en plus marqué de sa cohésion nationale, risque face auquel le seul antidote semble bel et bien être l'affirmation claire d'une identité commune. C'est faute d'avoir su mettre en exergue son identité commune que l'Union Européenne se trouve aujourd'hui confrontée au Brexit, parce que le poids des solidarités continentales a fini par sembler trop lourd dans un cadre où les citoyens ne pouvaient se sentir faire partie d'une entité « Une et Indivisible ». Si la Nation française ne retrouve pas la volonté d'affirmer qui elle est, elle pourrait, de la même manière, voir remises en cause les indispensables péréquations interrégionales, et les solidarités adopter une logique de proximité, voire de communauté, absolument contraire à l'esprit de nos Lois. L'échelon des solidarités consenties et des projets communs, celui de la Nation, est l'échelon où est ressentie l'identité, celui par lequel le citoyen se définit. L'élection présidentielle, par son caractère de détermination solennelle de l'avenir commun, doit être le moyen de le rappeler. A l'heure où beaucoup de jeunes Français, notamment issus de la diversité, et même si leurs familles sont présentes, parfois depuis plusieurs générations, sur notre sol, ne se définissent pas d'abord ou exclusivement comme Français, il semble essentiel d'oser enfin redire clairement ce qu'est la Nation française, pour rendre à chacun de ses citoyens la légitime fierté de lui appartenir, et pour que chacun intègre pleinement l'idée qu'être Français ne se limite pas, et ne saurait se limiter, au simple fait d'avoir la nationalité française. Une nationalité ne va pas, et ne saurait aller, sans le sentiment national.

Le sentiment national, fondamental pour l'existence pérenne d'une identité commune, dont il est question ici, ne saurait être confondu avec le nationalisme. Car la Nation n'est pas clanique, et le sentiment qu'elle véhicule est plus fort encore que le patriotisme –ce noble réflexe qui conduit à défendre sa terre et les siens. La Nation, c'est justement ce qui permet de répondre à ces questions fondamentales : Quelle est ma terre ? Qui sont les miens ? Si les réponses divergent entre les citoyens d'un même pays, c'est que la Nation souffre d'une crise d'identité. On doit d'ailleurs bien reconnaître qu'il est difficile, aujourd'hui, de parler de sentiment national, et plus encore d'identité nationale, comme si ce thème avait subi une OPA confiscatoire, et que les médias ne savaient plus associer ces mots qu'au seul Front National. C'est un problème majeur pour notre pays, et c'est une faute de la part de nos médias comme de celle de trop nombreux représentants de notre classe politique de ne pas affirmer avec assez de force, voire de ne pas affirmer du tout, que la Nation et l'identité nationale concernent par essence non seulement l'ensemble de l'échiquier politique, mais aussi l'ensemble des citoyens. Se réapproprier librement ce thème pour dire que la conscience et l'affirmation de soi sont indispensables, pour un peuple, et qu'elles ne sont pas rejet de l'autre, relève aujourd'hui du devoir civique, et à tout le moins de la responsabilité politique ; le fait que ce thème ait été présenté comme clivant jusqu'à la caricature au cours l'actuelle campagne présidentielle ne saurait occulter le fait qu'il est central, aujourd'hui, pour un grand nombre d'électeurs.

Le retour en force de la Nation dans le débat public n'a rien d'anecdotique : ce sentiment d'appartenance à quelque chose de plus grand que soi, véhiculé avec force par l'Ecole de la République durant toute la IIIème République et même un peu après, avait fini par aller tellement de soi qu'on ne l'évoquait plus guère, et la perspective de la mondialisation, de plus en plus incontournable au cours des dernières décennies, n'y avait au final changé que peu de choses. Deux réalités tangibles ont récemment modifié la donne. La première, c'est la crise traversée par l'Union Européenne, notamment au travers du Brexit, mais aussi et peut-être surtout du divorce de plus en plus largement consommé entre ses institutions et ses citoyens, avec, en filigrane, le constat de l'échec à superposer des niveaux d'identité.

On a en quelque sorte encouragé les citoyens, au cours des dernières décennies, à se détacher progressivement de leur identité nationale au nom de l'appartenance à l'Europe, sans pour autant leur fournir en échange une identité européenne affirmée dans son destin commun et ses valeurs communes. Face à un « sentiment continental » inexistant et à un sentiment national affaibli, le besoin d'identification a conduit à un renforcement des revendications régionalistes sur les terres qui y étaient propices - songeons à la Catalogne ou à l'Ecosse, notamment-, mais aussi à une résurgence de communautarismes affirmés dans des pays qui, comme la France, sont traditionnellement fondés sur leur refus. La seconde de ces réalités, c'est l'afflux massif, depuis 2015, de migrants -réfugiés ou non-, en provenance de pays extra-européens, qui ont donné à nombre de citoyens, en France comme dans d'autres pays de notre continent, le sentiment d'une dilution identitaire –sentiment d'autant plus fort qu'on leur a demandé plus ou moins explicitement, souvent par la voix de leurs dirigeants, de l'accepter au nom de la tolérance et du paradigme multiculturaliste actuellement en vigueur. Mais tout sentiment de risque de dilution identitaire pousse, par réaction, à la réaffirmation forte de l'identité. D'où l'affaire du burkini l'été dernier. D'où le retour de la Nation au cœur du débat public.

C'est un sursaut patriotique, dans la mesure où certaines valeurs, certaines habitudes de vie, qui ont longtemps semblé aller de soi de manière immémoriale, apparaissent soudain comme devant être défendues – pire : justifiées. Etre Français –mais cela pourrait pareillement être Suédois, ou Italien, ou Allemand- redevient soudain important pour des personnes qui vivaient leur culture et leur nationalité sans guère y penser, car cela revient à défendre des choses simples et essentielles impactant la vie quotidienne. Comme la mixité des piscines. Comme le fait de serrer la main de ses collègues, hommes et femmes. Comme de ne pas laisser la religion –quelle que soit la religion- s'inviter dans l'entreprise. Est-ce à dire que le sentiment national ne se forge, ou n'est jamais aussi fort, que contre quelque chose, ou en réponse à une menace, qu'elle soit réelle ou diffuse ?

La Nation est une réalité politique et juridique, comme le souligne l'article 3 de la Constitution du 4 octobre 1958, acte de naissance de notre Vème République, en rappelant que « *La souveraineté nationale appartient au peuple* » ; elle est aussi une réalité sociologique forte puisque, pour que la République soit « Une et Indivisible », telle que l'on voulue les Constituants de 1789, la Nation doit l'être aussi. Et l'affirmation de cette unité ne peut se faire que dans le destin commun, que dans les valeurs communes, que dans la capacité à affirmer, individuellement et collectivement, notre fierté d'être Français. Le patriotisme qui en découle n'est pas seulement celui des champs de bataille : il peut et il doit prendre aussi, chaque fois que cela est possible, la forme du patriotisme économique, mais également du plaisir de partager et de faire partager ce qui fait que nous nous sentons Français au quotidien. Pour parler un langage plus marketing, la Nation est au fond l'espace, à la fois social, historique et géographique, où s'exprime une spécificité différenciatrice qui est simultanément un facteur de reconnaissance mutuelle. La langue en est un vecteur privilégié. Les us et coutumes également. C'est pourquoi le malaise de la société est profond dès lors qu'une minorité essaie d'infléchir ces standards, rarement formulés, mais profondément enracinés, pour imposer les siens dans l'espace public : c'est une attaque directe – parfois inconsciente, mais souvent consciente et calculée- contre la communauté nationale dans son ensemble, car cela met à mal –ou menace de mettre à mal- sa cohésion. Pour que la Nation voie sont unité garantie et ses valeurs fondamentales respectées, l'espace public doit être le lieu du respect par tous de l'ensemble de ces valeurs, réservant l'expression légitime des particularismes, culturels ou religieux, à la sphère privée. La France est, certes, riche de sa diversité, qui est son honneur. Mais cette diversité n'est une chance que sous réserve qu'elle s'exprime dans le cadre des valeurs communes qui fondent la communauté nationale, et dans le respect de l'identité de celle-ci.

Penser la Nation, c'est aussi, et dans un sens surtout, définir et faire partager un idéal commun et une ambition commune, qui peuvent être tout à fait philosophiques - comme l'illustrent, en 1789, les principes exprimés dans la Déclaration des Droits de l'Homme et du Citoyen-, ou beaucoup plus matérialistes –les projets de conquête spatiale et de développement de centrales nucléaires permettant une électricité abondante et bon marche, source de prospérité économique et d'arrivée de l'électroménager dans tous les foyers ont été fortement fédérateurs dans les années 1960. Le sentiment d'appartenance est plus spontané quand on tend vers un but commun, quand chacun sent, individuellement, qu'il appartient à un destin collectif, non seulement ancré dans un passé, source de fierté, mais aussi tourné vers l'avenir, source d'espérance. C'est sans doute là le meilleur vecteur d'action des politiques pour raviver le sentiment national, et faire ainsi reculer des communautarismes contraires à nos valeurs comme à nos institutions : raviver un souffle épique et exprimer une ambition collective qui donne à chacun l'envie d'y participer et la fierté d'y appartenir. C'est sans doute aussi ce qui a fait défaut depuis de longues années à toute la classe politique, qui gère des situations au lieu d'affirmer des ambitions. La Nation existe au travers de la grandeur, celle dont elle peut se prévaloir comme celle à laquelle elle se doit d'aspirer, et la présente campagne présidentielle présente l'indéniable défaut d'étaler trop de petitesses, celles des hommes comme celles des idées, pour permettre de renouer avec une grandeur dont notre pays ne fut jamais exempt, mais qui a besoin d'être exprimée avec force et conviction pour être ressentie et portée par chaque membre de la communauté nationale.

Le Général De Gaulle ne disait-il pas que « *les grands pays le sont pour l'avoir voulu* » ?

Et maintenant ?

La France mérite mieux que ce que laisse augurer cette campagne présidentielle : à nos yeux, elle mérite tout, et en premier lieu que nous soyons nombreux à le penser. On a trop vu, au cours des années écoulées ce qui se passait quand on se mettait collectivement à manquer d'ambition en se défaussant sur le manque de moyens, et le mal que cela pouvait faire à la France et aux Français : une vision strictement comptable qui ignore toute dimension prospective, tandis que les nations qui sont portées par une ambition partagée avancent vers leur objectif... c'est notamment ce qui explique les différentiels d'évolution des résultats des commerces extérieurs de la France et de l'Allemagne au cours du dernier quinquennat.

Si une campagne présidentielle doit avoir une vertu, c'est de permettre à tous nos concitoyens de se souvenir, individuellement et collectivement, de l'Histoire et des valeurs communes que porte notre pays, et d'ancrer leur choix dans la certitude que dans la fierté du passé partagé, de l'héritage commun, naît la possibilité de choix ambitieux pour l'avenir. Il faut penser le futur de la France et des Français au-delà d'une gestion démoralisée du quotidien. Nos concitoyens sont pessimistes parce que ceux qui devraient leur insuffler leur enthousiasme sont sans vision et sans ambition, ou n'osent les assumer, ce qui revient au même. Pourtant, notre économie demeure la cinquième du monde, même après un quinquennat où rien n'a été fait pour lui permettre de conserver cette place. Notre voix diplomatique est encore parfois écoutée, même si le suivisme et le manque de vision globale des dernières années l'ont un peu décrédibilisée à l'échelle internationale. Que ne pourrions-nous faire si nous recommencions à penser avec fierté l'apport original et indispensable, passé et à venir, de la France au monde, à le penser en termes de décennies, voire de siècles, et à regarder au-delà de l'échiquier plutôt que de laisser des joueurs maladroits prétendre à jouer sur celui-ci le seul jeu de leurs ambitions personnelles étriquées ?

L'ambition personnelle n'est pas nécessairement critiquable ; elle est même un plus quand elle se met au service de la grandeur de son pays et de l'incommensurable fierté de contribuer à celle-ci ; au cours de l'Histoire, ce fait fut illustré par Louis XIV, par Napoléon ou, plus près de nous, par le Général de Gaulle. Ce fut encore cette ambition personnelle bien comprise et mise au service de la France qui permit à Nicolas Sarkozy de protéger nos concitoyens des effets les plus durs de la crise de 2008, même si le recul nécessaire manque apparemment encore à beaucoup pour juger de l'efficacité de son action, son successeur en ayant largement obéré les effets positifs par une gestion tout à tour hasardeuse et dogmatique. Le point commun de tous ces hommes est, chacun à leur manière, d'avoir fait passer la France en premier ; c'est une part incontournable et fondamentale de la définition d'un homme d'Etat.

Les Français, quelles que soient leurs opinions politiques, recherchent l'ombre d'une telle éthique -celle de l'ambition d'un homme au service de son ambition pour son pays, et non pas un homme ne voyant son pays que comme le moyen de ses ambitions-chez les candidats à l'élection présidentielle et, en cette année 2017, il semble qu'ils la cherchent en vain. Ils souhaitent tout simplement pouvoir voter pour un homme ou une femme pour qui le « *Ne te demande pas ce que ton pays peut faire pour toi, demande-toi ce que tu peux faire pour ton pays* » de John Fitzgerald, prononcé le 20 janvier 1961 lors du discours qui suivit sa prestation de serment comme 35ème Président des Etats-Unis, sonnerait comme une évidence.

Alors, oui, la France mérite mieux. Et elle devra, pour obtenir ce qu'elle mérite, s'engager sur des chemins plus ambitieux, plus éthiques et moins fréquentés que ceux que l'on envisage actuellement de tracer pour elle. A nous tous d'en prendre conscience et d'y contribuer. Dès à présent.